Andrea Leuoth-Münzberger

Frisches aus der Milchwerkstatt

Käse, Butter, Quark & Co. selber machen und genießen

Andrea Leuoth-Münzberger

Frisches aus der MILCHWERKSTATT

Käse, Butter, Quark & Co. selber machen und genießen

SüdOst Verlag

Bibliografische Information der Deutschen Nationalbibliothek

Die Deutsche Nationalbibliothek verzeichnet diese Publikation in der Deutschen Nationalbibliografie; detaillierte bibliografische Daten sind im Internet über http://dnb.dnb.de abrufbar.
ISBN 978-3-95587-773-6

MIX
Papier aus verantwortungsvollen Quellen
FSC® C014138

Für uns, die Battenberg Gietl Verlag GmbH mit all ihren Imprint-Verlagen, ist Nachhaltigkeit ein wichtiger Teil unserer Unternehmensphilosophie. Daher achten wir bei allen unseren Produkten auf den Einsatz umweltschonender Ressourcen und Materialien.
Dieses Buch wurde auf FSC®-zertifiziertem Papier gedruckt. FSC (Forest Stewardship Council®) ist eine nicht staatliche, gemeinnützige Organisation, die sich für die verantwortungsvolle und ökologische Nutzung der Wälder unserer Erde einsetzt.

Unsere Partnerdruckerei kann zudem für den gesamten Herstellungsprozess nachfolgende Zertifikate vorweisen:
- Zertifizierung für FOGRA PSO
- Zertifizierungssystem FSC®
- Leitlinien zur klimaneutralen Produktion (Carbon Footprint)
- Zertifizierung EcoVadis (die Methodik besteht aus 21 Kriterien in den Bereichen Umwelt, Einhaltung menschlicher Rechte und Ethik)
- Zertifikat zum Energieverbrauch aus 100 % erneuerbaren Quellen
- Teilnahme am Projekt „Grünes Unternehmen" zum Schutz von Naturressourcen und der menschlichen Gesundheit

Titelabbildung Käse: AdobeStock, M.studio

1. Auflage 2021
ISBN 978-3-95587-773-6

www.battenberg-gietl.de

Gewidmet meiner
Tochter Lisa

Weißt du noch, als du gesagt hast:
„Bin ich froh, wenn ich das erste Exemplar in meiner Hand halte!"
und ich dir geantwortet habe:
„Ich auch!"?

Wir haben es geschafft!

VORWORT

WARUM DIESES BUCH?

Weil Käse selber machen unheimlich Spaß macht und ich Ihnen zeigen möchte, wie einfach es ist, verschiedenste Milchprodukte selbst herzustellen. Mein Interesse daran wurde während meiner Permakultur-Ausbildung 2016 geweckt. Es fasziniert mich, wie aus wenigen Grundzutaten wunderbarer Käse und andere Milchprodukte wie Mascarpone oder Joghurt entstehen.

Eine Milchtankstelle in der Nähe macht es mir möglich, zu jeder Zeit frische pasteurisierte Milch aus der Region zu bekommen. So dauerte es nach meiner Permakultur-Ausbildung nicht lange und der erste selbst gemachte Käse lag in meinen Händen. Was für ein Gefühl ... mein erster eigener Käse!

Fasziniert von der Einfachheit der Herstellung und dem unvergleichbaren Genuss wurden nach und nach immer mehr Milchprodukte in unserer kleinen Küche produziert.
Tiramisu mit selbst gemachter Mascarpone, ein Traum. Ich garantiere Ihnen, Sie haben noch nie so ein köstliches Tiramisu gegessen.
Oder frische Buttermilch, einfach ein Genuss.
Unser Hauskäse ist sehr beliebt, wenn Gäste kommen, und Käsekugeln im Glas sind immer ein gerne genommenes Mitbringsel aus der Speisekammer.
Einige Rezepte lassen sich leicht in den Tagesablauf einbauen, andere brauchen etwas mehr Zeit und Aufmerksamkeit.
Die Geduld zahlt sich jedoch aus durch ein unvergleichbares Geschmackserlebnis und das Wissen, dass keine künstlichen Zusatzstoffe wie Geschmacksverstärker oder Konservierungsmittel enthalten sind.

In diesem Buch zeige ich Ihnen einfache, leicht nachzumachende Rezepte und Anleitungen für den Hausgebrauch. Diese können dann nach eigenen Vorlieben und Geschmacksrichtungen abgewandelt werden.

Ich wünsche Ihnen viel Spaß mit dem Buch und gutes Gelingen.

Andrea Leuoth-Münzberger

ANDREA LEUOTH-MÜNZBERGER,
beschäftigt sich seit Jahren mit der Herstellung von Käse in der eigenen Küche.
Ihr Wissen zur Käseherstellung und Selbstversorgung gibt sie in Kursen und Workshops weiter. Sie ist zudem Fachberaterin für „Selbstversorgung mit essbaren Wildpflanzen“, „Permakultur-Designerin“ und „PilzCoach“.

Tiramisu

INHALTSVERZEICHNIS

GRUNDLAGEN FÜR DIE KÄSEHERSTELLUNG

Erfolgs-Zitat
„Niemand weiß, was er kann, bis er es probiert hat." von Publilius Syrus

BEVOR ES LOSGEHT ...

Kommen Sie mit mir, auf die Reise durch die Milchwerkstatt. Fangen Sie an zu produzieren statt zu konsumieren! Es ist Zeit, diese Dinge wieder zu lernen. Wieder Eigenverantwortung zu übernehmen und wenigstens einen Teil unserer Lebensmittel selbst herzustellen. Wir dürfen uns nicht länger darauf verlassen, dass andere sich darum kümmern, dass wir etwas zu essen haben.
Neben meinem eigenen Garten, den ich bewirtschafte, bin ich einer solidarischen Landwirtschaft angeschlossen und verfüge über ein großes Netzwerk an Menschen, die sich zum Großteil selbst versorgen und ihre Erfahrungen gerne teilen. Suchen Sie sich Gleichgesinnte! Die Welt ist voll von Gleichgesinnten, man muss sie nur finden. Ich schätze und verarbeite die Wildpflanzen, die um mich herum wachsen, und ich würde sagen, ich bin reich. Reich an Erfahrungen und reich an Wissen, das ich jederzeit abrufen kann.
Lassen Sie uns anfangen, Milchprodukte selbst herzustellen. Glauben Sie jedoch nicht, dass Sie beim Selbermachen Geld sparen, das wird nicht der Fall sein. Denn: Qualität hat ihren Preis! Das fängt bei der Milch an und hört bei den Gewürzen auf. Was am Ende herauskommt, ist ein Produkt ohne künstliche Zusatzstoffe, Farbstoffe, Geschmacksverstärker, Füllmittel, Gelatine usw., das Sie mit ruhigem Gewissen essen können. Warum: Weil wir es uns wert sind!

SAUBERKEIT

Alle Gegenstände, die Sie für die Käseherstellung verwenden, müssen sehr sauber sein. Nehmen Sie heißes Wasser und biologisch abbaubare Reinigungsmittel zum Reinigen. Geben Sie alle Gegenstände vor der Benutzung noch mal in eine große Schüssel oder einen großen Topf und überbrühen Sie alles mit kochendem Wasser. So sind Sie sicher vor schädlichen Keimen. Käsetücher auskochen und vor jeder Benutzung noch mal mit heißem Wasser überbrühen.
Tipp: Kleine Käsetücher lassen sich wunderbar im Wasserkocher auskochen.
Verwenden Sie nur frische Küchenhandtücher. Am besten schaffen Sie sich ein paar neue Küchentücher an, die nur für die Käseherstellung benutzt werden.
Legen Sie Ringe und Schmuck ab. Waschen Sie sich die Hände gründlich mit Seife.

MILCH (FRISCHE KUHMILCH)

Ich will jetzt nicht groß ausholen und seitenweise die Inhaltsstoffe von Milch usw. erklären. Das kann heute jeder, der sich dafür interessiert, im Internet selbst recherchieren.

Auch die Haltung von Tieren in Massentierhaltung dürfte jedem geläufig sein. Milchprodukte sollten wie Fleisch sparsam verwendet werden, von guter Qualität sein und nicht jeden Tag auf unseren Tellern landen.

Denn: Milchprodukte zu essen heißt auch, dass Tiere sterben müssen. Das muss jedem bewusst sein, der Milchprodukte verzehrt. Nur durch unseren bewussten Konsum und geringen Verbrauch kommt es zu einer Verbesserung in der Tierhaltung und auf unseren Äckern.
Wir haben es selbst in der Hand!

WELCHE MILCH NEHME ICH?

Rohmilch, pasteurisierte Milch, homogenisierte Milch, länger haltbare Milch …?
Die Auswahl ist groß!

Bei Rohmilch und pasteurisierter Milch gehen die Meinungen sehr weit auseinander. Die einen sagen, nur aus Rohmilch hergestellter Käse schmeckt, wie Käse schmecken soll. Die anderen haben Bedenken, wegen Listerienbefall in der Rohmilch ein Gesundheitsrisiko einzugehen.

Für die meisten Menschen ist Rohmilch gar nicht erhältlich. Die Zeiten, in denen jeder eine Kuh oder eine Ziege hatte, sind vorbei.

Für meine Käse- und Milchprodukte verwende ich ausschließlich pasteurisierte frische Kuhmilch, die ich in der Nähe aus einem Hofladen oder aus der Milchtankstelle hole und sofort weiterverarbeite.

MILCH AUS DEM HOFLADEN

In einem Hofladen finden Sie alles, was Sie brauchen, nur gemütlicher als im Supermarkt. Regionale Spezialitäten, Obst, Gemüse und Grundnahrungsmittel. Meist ist auch noch Zeit für einen Kaffee und einen Ratsch oder um den Tiernachwuchs zu besuchen. So wird der Einkauf zur Auszeit und zu einem Erlebnis.

MILCH AUS DER MILCHTANKSTELLE

Ich finde Milchtankstellen toll! Inzwischen finden sich an vielen Orten Milchtankstellen, wo sich rund um die Uhr frische regionale Milch zapfen lässt. Bestimmt auch in Ihrer Nähe!

So funktioniert eine Milchtankstelle:

- Geld einwerfen
- Flasche unter den Zapfhahn halten
- Starttaste drücken – und schon fließt frische Milch

Der Vorteil:

- Sie zapfen regionale Milch.
- Sie wissen, wo die Milch herkommt.
- Sie kennen den landwirtschaftlichen Betrieb.
- Die Tankstelle hat rund um die Uhr geöffnet.

Meist werden andere Produkte auch mit angeboten. Wie Joghurt, Eier, Nudeln, Marmelade und Fleisch oder, wie bei uns, Eis.

Haben Sie keine der beiden Möglichkeiten, greifen Sie auf pasteurisierte Milch aus dem Supermarkt zurück.

Wichtig: Achten Sie beim Milcheinkauf im Lebensmittelhandel darauf, dass die Milch weder homogenisiert noch länger haltbar ist. Mit dieser Milch können Sie keinen Käse machen.

Beim Pasteurisieren wird die Milch für 15–30 Sekunden auf 72–75° C erhitzt. So werden Mikroorganismen, Bakterien und Keime weitestgehend abgetötet. Durch die Zugabe von Milch-Kefir können wir pasteurisierte Milch wieder in einen rohmilchähnlichen Zustand versetzen, siehe Seite 36.

Info: Die meisten im Handel angebotenen Käsesorten sind aus pasteurisierter Frischmilch. Achten Sie einmal darauf und auch auf die ganzen Zusatzstoffe, die enthalten sind.

SÄURE

Einige Frischkäsearten wie Paneer, Mascarpone oder Mozzarella werden ohne Lab hergestellt. Die Milch wird mit Hilfe von Säure in Form von Zitronensaft zur Gerinnung gebracht.

Mit Säure in Form von Zitronensaft können Sie ganz schnell Käse selber machen, ganz ohne Lab.

Zitronensaft wird vielseitig in der Küche verwendet. In Salatsaucen, Fischgerichten, Kuchen, zum Putzen und um Obst am Braunwerden zu hindern.

Schwierig fand ich immer das Umrechnen. In jedem Rezept sind andere Angaben. Mal ist vom Saft aus einer Zitrone die Rede, mal von Esslöffel und Milliliter.

Mein eigener Zitronenbaum liefert mir mittlere Zitronen. Diese habe ich ausgepresst und nachgewogen.

Rausgekommen ist:
Aus einer Zitrone bekomme ich ca. 50–60 ml Zitronensaft, das sind 3–4 Esslöffel.

Tipp!

Als Säure können Sie auch Apfel-, Rot- und Weißweinessig verwenden.

KULTUREN

Verschiedene Kulturen, auch Starterkultur genannt, sind Milchsäurebakterien, die der Milch zugesetzt werden, um die Milch anzusäuern. Dabei wird Milchzucker in Milchsäure umgewandelt. Kulturen geben einem Käse seinen typischen Geschmack und seine Struktur.

Im Handel gibt es eine große Auswahl an Käsereikulturen. Angefangen von Joghurt- und Quark-Kulturen, bis hin zu Schnittkäse, Hartkäse, Weiß- und Blauschimmelkäse usw. Wer mag, kann sich da austoben.

In meinem Käse verwende ich nur Milch-Kefir als Starterkultur, der selbst vermehrt wird auf der Fensterbank. Siehe Seite 38.

LAB

Lab ist ein Enzym aus dem Kälbermagen (natürliches Lab), das bei der Käseherstellung benutzt wird. Bei der Frisch- und Schnittkäseherstellung ist Lab nötig, um die Milch dick werden zu lassen. Dies nennt man in der Fachsprache „Dicklegen".

Lab bekommen Sie in Apotheken, im Fachhandel für Käsereibedarf und im Internet. Angeboten wird Lab in flüssiger und in Tablettenform. Ich habe mit beiden gute Erfahrungen gemacht.

Bei flüssigem Lab verwende ich die Labstärke 1:15 000.

Info: Kaufen Sie Lab nur in kleinen Mengen (30–50 ml). Die Haltbarkeit ist begrenzt und Sie brauchen nicht viel davon.

SALZ

Salz entzieht dem Käse Feuchtigkeit. Dadurch wird der Käse fester und die Haltbarkeit erhöht sich. Gleichzeitig gibt Salz dem Käse Geschmack und schützt ihn vor unerwünschten Bakterien und Pilzwachstum. Verwenden Sie feines hochwertiges Salz ohne Zusatzstoffe. Normales Haushaltssalz enthält Rieselhilfen und ist für die Käseherstellung nicht geeignet. Ich verwende für meinen Käse Deutsches Steinsalz, das ich gleich im 10-kg-Eimer kaufe. Im Eimer lässt sich Salz gut und trocken lagern. Der Eimer kann, wenn er leer ist, wiederverwendet werden, z. B. für die Lagerung der Salzlake.

TROCKENSALZEN

Beim Trockensalzen wird der Käse gewogen und mit etwa 2% des Käsegewichtes an Salz eingerieben. Das heißt: für 1 kg Käse 20 g Salz.

SALZLAKE

Stellen Sie für jede Käsesorte eine eigene Lake her, so wird ein Vermischen der Kulturen vermieden. Die Salzlake können Sie monatelang benutzen. Für die Salzlake nehmen Sie 4 Liter von der noch warmen Molke und rühren 1 kg Salz dazu. In der noch warmen Molke löst sich das Salz leicht auf.
Die Salzlake lässt sich auch aus Leitungswasser herstellen. Dazu 250 g Salz in 1 Liter Wasser auflösen.

SALZBAD

Bevor der Käse in das Salzbad kommt, die Kante, die vom Pressdeckel entstanden ist, abschneiden. Das geht am besten mit einem Sparschäler. Bleibt die Kante stehen, trocknet diese unschön aus und der Käse sieht später nicht so schön aus.

Frischkäse und Weichkäse bleiben pro 500 g Käse 2 Stunden in der Salzlake, Schnittkäse pro 500 g Käse 3–4 Stunden.

Info: Größere Käse kommen bei mir in die Salzlake. Kleinere werden trocken gesalzen.

KRÄUTER UND GEWÜRZE

FRISCHE KRÄUTER

Selbst auf kleinstem Raum wie auf dem Küchenfenster oder Balkon lassen sich Kräuter selbst ziehen und in der Küche verarbeiten.
Für Frischkäse und Quark gibt es nichts Besseres als frische Kräuter. Klein gehackt und untergemischt sorgen sie für den richtigen Pep.

DIE BEKANNTESTEN KÜCHENKRÄUTER

Schnittlauch	Petersilie	Bärlauch
Kerbel	Basilikum	Pfefferminze
Dill	Oregano	Knoblauch
Zitronenmelisse	Gewürzfenchel	Rosmarin
Salbei		

Info: Für Schnittkäsesorten, die über mehrere Wochen reifen, sind frische Kräuter nicht geeignet. Sie können Schimmelbildung verursachen.

GEWÜRZE

Ob einzeln oder in einer Mischung: Mit Gewürzen können Sie spielen und kreieren.
Schnittfeste Frischkäsearten bieten sich geradezu an, um verschiedene Gewürzmischungen auszuprobieren. Veredeln und verfeinern Sie Ihren Käse mit bunten Pfeffer-, Chili-, oder Kräutermischungen. Diese bringen Schärfe und Farbe in den Käse.

Mediterrane Kräutermischungenen eignen sich sehr gut zum Einlegen in Öl. Schabzigerklee passt gut in Schnittkäse, Petersilie, Schnittlauch, Kerbel und Dillspitzen in Butter, oder darf es doch lieber etwas mit Rauchgeschmack sein? Alles ist möglich!

Der Gewürzhimmel steht Ihnen offen. So entstehen ganz neue interessante Kreationen.

BÄRLAUCHSALZ SELBER MACHEN

Sammeln Sie Bärlauch nur, wenn Sie ihn zu 100 % kennen. Sind Sie nicht ganz sicher, gehen Sie auf einen Wochenmarkt und kaufen dort frischen Bärlauch der zur Saison immer angeboten wird.
Beim Bärlauchsammeln immer Blatt für Blatt ernten.
Nie ein ganzes Büschel auf einmal abreißen, das schwächt die Pflanze zu sehr. Entnehmen Sie nur geringe Mengen, den sogenannten „Handstrauß" für den privaten Verbrauch und nicht aus Schutzgebieten. Das ist verboten! Schonend geerntet haben Generationen etwas von einem Bärlauchplatz.

Info: Ein ungeschriebenes Gesetz unter Wildkräuter-Sammlern lautet: Ernte immer so, dass es nicht auffällt, dass du der Natur etwas entnommen hast, wenn du den Sammelplatz verlässt.

ZUTATEN

200–300 g frischer Bärlauch

1 kg Salz (Deutsches Steinsalz)

2 Backbleche zum Trocknen

1. Bärlauch waschen, trockenschleudern und in grobe Stücke schneiden.

2. Mit einem Stabmixer pürieren und nach und nach das Salz dazugeben. Alles gut mischen. Bei mir macht das wie immer der Thermomix. Bärlauch auf Stufe 5–7 zerkleinern und langsam das Salz dazulaufen lassen. Alles gut mischen.

3. Das Bärlauchsalz auf die beiden Backbleche verteilen. Das Ganze bei Zimmertemperatur 1–2 Tage trocknen lassen. Mit einem Kochlöffel ab und zu einmal durchrühren.

4. Das Salz noch mal mixen. So wird das Salz schön fein. In Gläser abfüllen. Fertig!

Bärlauchsalz passt gut auf Käse, Tomaten und Eier.

ESSBARE BLÜTEN

„Den ganzen Sommer über ein Genuss“

Durch meine Ausbildung zur Fachberaterin für essbare Wildpflanzen arbeite ich viel mit essbaren Blüten, Kräutern und Wildpflanzen. In Frischkäse und Butter bringen essbare Blüten Farbe ins Spiel und sorgen für ein ganz besonderes Geschmackserlebnis.

Mit essbaren Blüten können Sie immer neue Kreationen erstellen oder dekorieren. Schauen Sie sich meinen Veilchen-Traum auf Seite 74 an. Ist das nicht ein Hingucker? Ich liebe es, im Sommer mit essbaren Blüten und Blättern zu arbeiten, im Winter mit Nüssen und getrockneten Früchten.

WICHTIG DABEI IST:

Dass Sie die Blüten zu 100 % kennen und sicher wissen, dass diese essbar sind.

Dass die Blüten am besten aus dem eigenen Garten oder von ungespritzten Flächen stammen und diese frisch gepflückt und am gleichen Tag verspeist werden.

DIE WICHTIGSTEN BLÜTEN HIER IM ÜBERBLICK:

Schnittlauchblüten	Lavendelblüten	Salbeiblüten
Borretschblüten	Rosenblütenblätter	Ringelblumenblütenblätter
Kapuzinerkresseblüten	Gewürztagetesblüten	Veilchenblüten
Chrysanthemenblüten	Taglilienblüten	Zucchiniblüten
Gänseblümchen	Löwenzahnblüten	Nachtkerzenblüten
Kornblumenblüten	Wegwarteblüten	Malvenblüten
Schafgarbeblüten	Lindenblüten	Holunderblüten

Große essbare Blüten wie Zucchini und Taglilien lassen sich leicht mit einer Frischkäsecreme füllen.

Die Blüten vor dem Verarbeiten ausschütteln, um evtl. vorhandene Insekten zu entfernen.

Wildpflanzen wie Gänseblümchen, Löwenzahn, Nachtkerze, Kornblumen und Wegwarte lassen sich leicht im Garten ansiedeln, somit sind Sie auf der sicheren Seite. Sie werden ja wohl kaum in Ihren eigenen Garten Gift spritzen.

REIFUNG

Die Reifung ist ein wichtiger Teil bei der Herstellung von Schnittkäse. Suchen Sie sich einen geeigneten Platz, an dem der Käse für mindestens 4–6 Wochen ungestört reifen kann. Der Platz sollte eine Temperatur von 8° C bis 10° C und eine Luftfeuchtigkeit von ca. 90 % haben.

Mein Käse reift in lebensmittelechten Transportboxen, die ich im Winter in den Keller stelle und im Sommer in einen Kühlschrank.

Der Käse darf während der Reifung nicht vernachlässigt werden. Er muss trocken gehalten und regelmäßig gewendet werden.

Während der ersten Tage mit einer kleinen Bürste und etwas Salzlake abbürsten. So verhindern Sie Fremdschimmelbefall.

Die Reifebox alle zwei Wochen auswaschen.
Eine weitere Möglichkeit ist die:

REIFUNG IN LAKE

Salzlakenkäse wie Feta reift in einer Salzlake. Aus Molke, die beim Käsen übrig bleibt, wird eine Salzlake hergestellt (Seite 15). Käse und Lake im gleichen Raum aufbewahren. Den Käse einlegen und 4–6 Wochen reifen lassen. Nach der Reifung den Käse in einer weniger salzigen Lake aufbewahren. Der Käse wird fest und bekommt seinen typisch salzigen Geschmack.

DIE GRUNDAUSSTATTUNG FÜR IHRE MILCHWERKSTATT

„Um den Traum vom eigenen Käse zu verwirklichen, benötigen Sie einige Utensilien als Grundausstattung. Das meiste befindet sich jetzt schon in Ihrer Küche. Probieren Sie Vorhandenes aus, bevor Sie etwas Neues dazukaufen. Nehmen Sie Ihre alltäglichen Töpfe, Schüsseln und Siebe, mit denen Sie gut zurechtkommen. Käsetücher, Lab und Käseformen bekommen Sie im Fachhandel für Käsereibedarf.“

HERD

Um die Milch zu erwärmen.

KOCHTOPF

Ein großer Kochtopf aus Edelstahl oder Emaille mit einem Fassungsvermögen von 4 Litern reicht für erste Versuche und kleinen Käse. Ein dicker Boden speichert lange die Wärme und die Milch brennt nicht so leicht an.

Praktisch ist auch die Topf-in-Topf-Methode. Sie hängen einen kleineren Topf in einen größeren. Der untere Topf wird mit Wasser befüllt, sodass der innere Topf etwas im Wasser steht. Durch dieses Wasserbad wird die Milch langsam erhitzt, brennt nicht an und bleibt lange gleichmäßig warm.

Für Schnitt- und Hartkäse werden größere Töpfe mit einem Fassungsvermögen von 15–50 Litern benötigt. Bevor Sie einen so großen Topf erwerben, machen Sie sich bitte Gedanken über die Lagerung des fertigen Käses. Sie benötigen einen geeigneten Lagerraum oder Keller, in dem der Käse über einen längeren Zeitraum reifen kann. Der Kühlschrank wird schnell zu klein. Das werden Sie sehen!

EINKOCHAUTOMAT

In vielen Haushalten befindet sich ein Einkochautomat zum Einkochen von Obst und Gemüse. Dieser kann, mit einem Einsatz versehen, zum Käsekessel mit Wasserbad werden. Der Vorteil ist, dass größere Mengen Milch im Wasserbad erhitzt werden können, die Milch mit Starterkultur und später der Bruch durch das Wasserbad gleichmäßig warm bleiben. Mein Einsatz fasst 15 Liter Milch. Ich nehme diesen für Hauskäse, Blauschimmelkäse oder in Kursen für größere Mengen an Frischkäse.

KOCHLÖFFEL UND SCHNEEBESEN

In verschiedenen Größen. Vorzugsweise mit langen Griffen, die bis zum Topfboden reichen. Das erleichtert das Einrühren von Starterkultur und Lab.

MESSER ODER KUCHENPALETTE

Ein Messer mit langer Klinge oder besser eine Kuchenpalette mit Rundung vorne zum Schneiden des Käsebruchs.

MESSLÖFFEL ODER EINE PIPETTE

Für die genaue Dosierung von Lab und Kulturen.

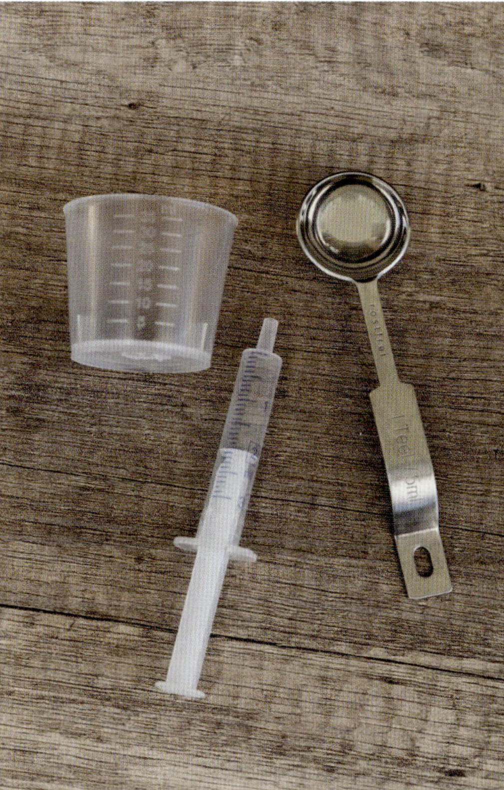

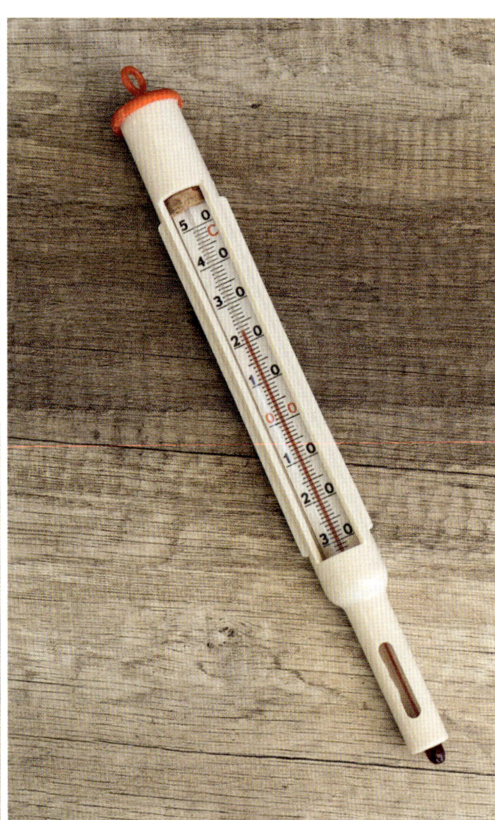

MESSBECHER
Um Flüssigkeiten abzumessen oder Molke abzuschöpfen.

SIEB
Zum Abtropfen.

SCHÜSSELN
Werden immer gebraucht.

ABTROPFGITTER
Das können vorhandene Kuchengitter sein oder der Rost vom Backofen.

KÜCHENWAAGE
Zum Abwiegen des fertigen Käses und um Salz abzuwiegen für die Salzlake.

THERMOMETER
Gibt es in vielen verschiedenen Variationen im Fachhandel für Käsereibedarf. Vom einfachen Glasthermometer angefangen bis zum digitalen Hightech-Produkt. Achten Sie beim Kauf darauf, dass die Temperatur gut ablesbar ist und sich das Thermometer gut reinigen lässt.

Inzwischen gibt es Thermometer, die sich mit Hilfe eines Hakens am Topfrand befestigen lassen. So haben Sie die Temperatur gut im Blick und trotzdem die Hand frei. Das finde ich persönlich sehr praktisch! Mein Thermometer hat das nicht, beim Kauf eines neuen würde ich darauf achten.

Tipp!

KÄSETUCH

Ein feines Baumwoll- oder Leinentuch wird hauptsächlich zum Abhängen von Quark und für Frischkäse benötigt. Die Tücher sind in verschiedenen Größen im Fachhandel für Käsereibedarf erhältlich. Bei guter Pflege haben Sie die Tücher jahrelang.

Das Käsetuch vor dem Benutzen zum Sterilisieren mit heißem Wasser überbrühen. Das Tuch im Wasser abkühlen lassen. So können die Fasern richtig schön aufquellen. Verwenden Sie das trockene Tuch, würden die Fasern erst durch die Molke im Käsebruch aufquellen. Was zur Folge haben kann, dass die Fasern durch den Käsebruch verstopfen und die Molke nicht richtig abfließt.

KÄSEFORMEN

Bekommen Sie im Fachhandel für Käsereibedarf in vielen Größen und Formen. Lebensmittelecht, spülmaschinenfest, mit Pressdeckel. Diese Formen sind einfach in der Handhabung und langlebig. Es lohnt sich, ein paar zu besitzen. Für erste Versuche reicht ein Sieb, das mit einem Käsetuch ausgelegt ist und mit einem Teller beschwert wird.

GEWICHTE

zum Beschweren bekommen Sie im Fachhandel für Käsereibedarf.
Meine ersten Gewichte waren gefüllte Marmeladengläser und ausgekochte Steine. Gefolgt von Gewichten aus früheren Zeiten, die ich auf einem Flohmarkt erworben habe.
Meine jetzigen Gewichte sind aus Edelstahl. Die hat mir einer meiner ersten Kursteilnehmer gefertigt. Acht Stück insgesamt, davon 6 Stück mit 1 kg und zwei Stück mit 2 kg. Damit komme ich gut zurecht.

REIFEBOXEN

gibt es im Fachhandel für Käsereibedarf.
Ich bevorzuge lebensmittelechte Transportboxen, die es in jedem Baumarkt zu kaufen gibt. Die Boxen sind stabil und lassen sich leicht reinigen.
Die Größe 40 cm x 30 cm passt noch in den Kühlschrank.
Die größeren stehen im kühlen Keller.

PANEER … DAS WIRD IHR ERSTER KÄSE

„schnell, unkompliziert, variabel"

Auf diesen Käse können Sie immer und überall zurückgreifen, wenn Sie schnell Käse brauchen. In Scheiben geschnitten als Grillkäse, in Würfel geschnitten und angebraten über einen Salat oder klein geschnitten in einer würzigen Sauce als Fleischersatz. In der Küche, auf der Terrasse oder im Wohnwagen – die Herstellung ist überall schnell möglich und kinderleicht.

Das Schöne an Paneer ist, Sie brauchen nur drei Zutaten dazu und die haben Sie wahrscheinlich schon zu Hause. Innerhalb von einer Stunde haben Sie einen herrlichen Käse.

Paneer oder auch Panir ist ein indischer Frischkäse, der sofort nach der Herstellung verzehrfertig ist.

ZUTATEN

2 Liter pasteurisierte Frischmilch

1 Becher Naturjoghurt

Saft von 1 Zitrone

ZUBEHÖR

Die üblichen Gerätschaften, die für die Herstellung von Milchprodukten gebraucht werden. Topf, Schüssel, Teller, Käsetuch, Kochlöffel oder Schneebesen.

1. Zitrone auspressen und die benötigten Utensilien bereitstellen.

2. Die Milch in einen großen Topf geben und langsam unter Rühren zum Kochen bringen. Kurz bevor die Milch aufkocht, den Topf vom Herd nehmen. Herd ausschalten.

3. Zitronensaft und Joghurt dazugeben und alles gut verrühren.

4. Den Topf zurück auf den Herd stellen, um die Restwärme zu nutzen. So lange rühren, bis sich eine schöne flockige Bruchmasse ergibt.

5. Den Topfinhalt in die vorbereitete Schüssel mit dem Käsetuch gießen.

6. Den Bruch etwas setzen lassen.

„Lauwarm, nur mit etwas Salz bestreut, schmeckt Paneer sehr lecker. Sie haben es geschafft! Ihr erster Käse ist fertig!“

7. Das Käsetuch an den vier Ecken zusammenfassen, die Molke etwas ablaufen lassen.

8. Das Käsetuch in das Sieb zurücklegen und die vier Ecken über dem Käsebruch zusammenschlagen.

9. Das Ganze schön einpacken.

10. Einen passenden Teller auflegen.

11. Den Teller mit einem Gewicht beschweren.

12. Während der Paneer ruht, ist es Zeit für ein Glas frische Molke.

13. Den Paneer ziemlich auskühlen lassen.

14. Vorsichtig auspacken. Fertig!

Nun versuchen Sie diesen Käse in verschiedenen Variationen, das kann Grillkäse sein oder in eine schöne Form gepresst und ausgebraten. Oder Sie spielen mit verschiedenen Gewürzmischungen, z.B. Curry … Alles ist möglich.

„Es liegt in Ihrer Hand, innerhalb kürzester Zeit geht das Paneermachen wie von selbst. Dann sind Sie bereit dafür, Neues auszuprobieren."

PANEER MIT ESSBAREN BLÜTEN

„Essbare Blüten im Sommer bringen Farbe ins Spiel: Ringelblumen (orange), Wegwarte (blau), Kapuzinerkresse (gelb-orange), Rosenblütenblätter (rot), Schnittlauchblüten (violett).“

Nur ungespritzte Blüten verwenden, die Sie zu 100 % kennen. Diese frisch pflücken und am gleichen Tag verspeisen.
Die Blüten ausschütteln, um evtl. vorhandene Insekten zu entfernen, und fein hacken.

ZUTATEN

für den Paneer

2 Liter pasteurisierte Frischmilch

1 Becher Naturjoghurt

Saft von 1 Zitrone

1TL Salz

1 Handvoll essbare Blüten

1. Zitrone auspressen und die benötigten Utensilien bereitstellen.

2. Die Milch in einen großen Topf geben und langsam unter Rühren zum Kochen bringen. Kurz bevor die Milch aufkocht, den Topf vom Herd nehmen. Herd ausschalten.

3. Zitronensaft und Joghurt dazugeben und alles gut verrühren.

4. Den Topf zurück auf den Herd stellen, um die Restwärme zu nutzen. So lange rühren, bis sich eine schöne flockige Bruchmasse ergibt.

5. Den Topfinhalt in die vorbereitete Schüssel mit dem Käsetuch gießen.

6. Den Bruch etwas setzen lassen.

7. Das Käsetuch an den vier Ecken zusammenfassen, die Molke etwas ablaufen lassen.

8. Das Käsetuch in das Sieb zurücklegen, die fein gehackten Blütenblätter und einen TL Salz unter den Bruch mischen, die vier Ecken des Käsetuches über dem Käsebruch zusammenschlagen.

9. Das Ganze schön einpacken.

10. Einen passenden Teller auflegen.

11. Den Teller mit einem Gewicht beschweren.

12. Während der Paneer ruht, ist es Zeit für ein Glas frische Molke.

13. Den Paneer ziemlich auskühlen lassen.

14. Vorsichtig auspacken.

15. Fertig zum Genießen.

PANEER GEBRATEN

1. Paneer herstellen wie auf Seite 28 beschrieben und im Kühlschrank abkühlen lassen.

2. In der Zwischenzeit Salat, Tomaten, Gurke und Kräuter waschen und in mundgerechte Stücke schneiden.

3. Für die Salatsauce alle Zutaten zusammenmischen, verrühren und abschmecken.

4. Salat, Tomaten, Gurke und Kräuter in eine Schüssel geben und mit der Salatsauce vermischen.

5. Den Paneer aus dem Kühlschrank nehmen, in Scheiben schneiden und in einer Pfanne mit etwas Öl goldbraun braten.

Den Salat auf Teller richten und den gebratenen Paneer darauf verteilen.

ZUTATEN

FÜR DEN PANEER:

2 Liter pasteurisierte Frischmilch

1 Becher Naturjoghurt

Saft von 1 Zitrone

Öl zum Anbraten

FÜR DEN SALAT:

Salat nach Wahl

1 Handvoll Kräuter

Tomaten

Gurke

FÜR DIE SALATSAUCE:

1 Teil Essig

2 Teile Öl

Salz/Pfeffer

1 Knoblauchzehe

etwas Zucker

1 TL Senf

evtl. etwas Wasser

PANEER ZUM GRILLEN

„Zum Grillen kann der Paneer bei der Herstellung in kleine runde oder herzförmige Käseformen gepresst werden."

Wer mag, gibt zum Käsebruch vor dem Formen noch etwas Salz und Kräuter dazu. Rosmarin, Thymian oder Chili z. B. eignen sich gut. Den Käsebruch kurz durchkneten und in die Formen drücken. Nach dem Abkühlen, in gleichmäßig dicke Scheiben geschnitten, lässt er sich leichter grillen.

ZUTATEN

frischer Paneer

am besten gleich aus der doppelten Menge Milch hergestellt

Öl

Beim Grillen ist es ratsam, den Rost oder die Grillplatte mit etwas Öl einzustreichen. Das verhindert, dass der Grillkäse am Rost anklebt. Den Paneer so lange grillen, bis er eine schöne Bräunung erreicht hat. Das dauert nicht lange.

Bleibt etwas übrig: Der Käse hält sich im Kühlschrank einige Tage.

MILCH-KEFIR – KLEINE AN BLUMENKOHL ERINNERNDE KNOLLEN

Für alle, die Käse selber machen und gleichzeitig auf den Kauf von teuren Starterkulturen verzichten möchten, ist Milch-Kefir die beste Alternative.

Milch-Kefir ist vielseitig im Einsatz und leicht zu pflegen. Bei all meinen Käsesorten dient mir Milch-Kefir als Starterkultur und beim Brotbacken als Hefeersatz, wenn gerade keine Hefe im Haus ist.

Ein Glas mit Kefirknollen steht immer griffbereit auf der Fensterbank in der Küche. Manchmal auch zwei ...

Die kleinen weißen Kefirknollen erinnern an Blumenkohl. Frische Milch fermentieren die kleinen Knollen zu einem leicht dicklichen Getränk, das in Zentralasien als dass Getränk der Hundertjährigen angesehen wird.

Käsemaus
Einmal verkäse ich ihn,
einmal verback ich ihn,
einmal ess ich ihn
und einmal verfüttere ich ihn.

Die Kefirknollen selbst sind eine lebendige Gemeinschaft aus verschiedenen Bakterien, Pilzen und Hefen, die sich aus der Milch ernähren.

Und genau diese lebenden Bakterien, Pilze und Hefen machen wir uns zunutze, um pasteurisierte Milch wieder in einen rohmilchähnlichen Zustand zu versetzen. Und wunderbaren Käse und Milchprodukte daraus zu machen. Oder um ohne den Zusatz von Hefe Brot zu backen. Milch-Kefir gibt Brot einen feinen Geschmack und hält es lange frisch.

Das Einzige, was Sie tun müssen, um die Knollen gesund zu halten, ist, sie regelmäßig mit frischer Milch zu versorgen. So haben Sie jahrelang Freude an ihnen. Gut gepflegt verdoppeln sich die Knollen innerhalb von zwei Wochen und können an Freunde und Bekannte weitergegeben werden.

Ihre ersten Milch-Kefir-Knollen bekommen Sie, wenn Sie niemanden kennen, der schon welche hat, in gut sortierten Naturkostläden oder im Internet.

Für den täglichen Gebrauch und als Starterkultur beim Käsen reicht es, die Knollen 12–16 Stunden

fermentieren zu lassen. Zum Brotbacken lasse ich den Kefir gerne zwei bis drei Tage stehen, um eine höhere Triebkraft der Hefen zu erreichen.

Die lebendigen Kulturen reagieren auf jede Umgebung und Temperaturschwankung anders. Ich beobachte immer wieder, dass sich die Vermehrung der Knollen im Winter verlangsamt, und ab April scheinen sie geradezu zu explodieren. Obwohl sie das ganze Jahr an der gleichen Stelle am Fenster stehen.

Probieren Sie einfach aus, wie es bei Ihnen zu Hause am besten funktioniert, und notieren Sie sich Ihre Ergebnisse, um später wieder darauf zurückgreifen zu können.

Möchten Sie einmal eine Milch-Kefir-Pause einlegen, z. B. wenn Sie in den Urlaub fahren, geben Sie die Knollen in ein Schraubdeckelglas mit Milch und stellen das Ganze in den Kühlschrank. Die Fermentation verlangsamt sich durch die kühle Temperatur und die Knollen schlafen ein. So können die Knollen über mehrere Wochen aufbewahrt werden, ohne täglich die Milch zu erneuern. Bei Wiederaufnahme der Kultivierung dauert es zwei bis drei Ansätze, bis die Milch-Kefir-Knollen wieder richtig aktiv sind.

Eine andere Möglichkeit ist, die Milch-Kefir-Knollen zu trocknen oder in einem Glas mit etwas Milch einzufrieren.

WIE VIEL MILCH-KEFIR BRAUCHE ICH …

Die Menge, die Sie herstellen, richtet sich danach, wie viel fertiger Kefir gebraucht wird. Als Starterkultur für 5 Liter Milch wird etwa 100 ml fertiger Kefir benötigt.

SAUBERKEIT VON ANFANG AN

Bei der Vermehrung von Kefirknollen ist wie bei allen anderen Milchprodukten auf sauberes Arbeiten zu achten. Alle Gläser, Siebe und Schüsseln mit heißem Wasser und Spülmittel reinigen. Mit klarem Wasser nachspülen, um Spülmittelreste zu entfernen. Mit frischen, sauberen Handtüchern abtrocknen. So haben Sie jahrelang Freude an den kleinen Knollen.

Tipp!

Für Hühnerbesitzer: Haferflocken, eine geriebene Möhre, eine Knoblauchzehe und kleingeschnittene Kräuter in den fertigen Milch-Kefir mischen. Das Ganze einige Zeit quellen lassen, evtl. etwas Wasser dazugeben und verfüttern. Sie werden sehen: Hühner lieben diese Milch-Kefir-Mischung.

MILCH-KEFIR

„Milch-Kefir ist so vielseitig einsetzbar, dass es sich lohnt, ihn ganzjährig zu kultivieren."

ZUTATEN

1 Esslöffel Kefirknollen

250 ml pasteurisierte Frischmilch

Die Milch sollte Zimmertemperatur haben.
Der Milch-Kefir kann mit Kuh-, Ziegen- oder Schafsmilch hergestellt werden. Ganz nach Ihrem Geschmack!

ZUBEHÖR

2 Schraubdeckelgläser (1 Glas zum Neuansetzen)

1 Plastiksieb

1 Schüssel zum Umfüllen

1 Löffel

1. Die Milch-Kefir-Knollen in das vorbereitete Glas geben.

2. Das Ganze mit der bereitgestellten Milch auffüllen.

3. Den Deckel auflegen und nur leicht verschließen. Das Ganze bei Zimmertemperatur stehen lassen.
In der Regel fermentiert Milch-Kefir innerhalb von 12 bis 16 Std. In kühleren Jahreszeiten dauert es etwas länger.
Direkte Sonneneinstrahlung auf das Glas sollte vermieden werden.

4. Nachdem der Milch-Kefir eingedickt ist, das Ganze über dem bereitgelegten Sieb abgießen.

„Der fertige Milch-Kefir kann gleich verspeist oder weiterverarbeitet werden. Im Kühlschrank hält er sich bis zu einer Woche."

5. Mit dem Löffel vorsichtig etwas nachhelfen, dabei die Knollen nicht zerdrücken.

6. Die im Sieb zurückgebliebenen Milch-Kefir-Knollen unter lauwarmen Wasser leicht durchspülen.

7. Zur Weiterkultivierung wieder bei Punkt eins anfangen. Gut gepflegt verdoppeln sich die Knollen innerhalb von zwei Wochen.

Schnell werden die kleinen Knollen zu viel. Diese können verschenkt, getrocknet oder in etwas Milch für später eingefroren werden.

„Frisch abgegossener Milch-Kefir ist pur genossen, ein außergewöhnlich erfrischendes probiotisches Getränk.“

MILCH-KEFIR-DRINK

ZUTATEN

200 ml Milch-Kefir

Den Milch-Kefir mit einem Teelöffel Honig und einer Prise Zimt verfeinern.

HERBSTLICHE MILCH-KEFIR-SCHALE

„für zwischendurch"

ZUTATEN

200 ml Milch-Kefir

2 EL Haferflocken

1 TL Honig

1 TL Hagebuttenmarmelade pro Schale

ein paar Brombeeren

1 kleine Birne

ein paar Minzblätter

Nüsse

1. Die Haferflocken in den Milch-Kefir einrühren und ca. 10 Minuten quellen lassen.

2. Mit Honig abschmecken und auf zwei kleine Schalen verteilen. Die Birne klein schneiden und mit den Brombeeren auf dem Milch-Kefir verteilen. Mit Hagebuttenmarmelade, den Minzblättern und ein paar Nüssen garnieren.

MILCH-KEFIR-BROT

„Brot backen mit Milch-Kefir heißt: ohne Hefe, ohne Sauerteig. Wir nutzen die wilden Hefen vom Milch-Kefir als Backtriebmittel. Hierfür den Kefir zwei Tage reifen lassen. Es dauert ein wenig, bis man ein Gefühl für die Triebkraft des Kefirs entwickelt hat. Seien Sie mutig und probieren Sie es aus. Heraus kommt ein wunderbares Brot, das lange haltbar ist."

ZUTATEN

500 g Weizenmehl Typ 405

250 g Roggenmehl Typ 1150

500 ml Milch-Kefir

1 EL Honig

1 TL Butter

1 EL Salz

1. 250 g Weizenmehl und 125 g Roggenmehl mischen. Den Milch-Kefir dazugeben und alles gut verrühren. Das Ganze bei Zimmertemperatur abgedeckt zwei Stunden stehen lassen.

2. Die restlichen 250 g Weizenmehl und die 125 g Roggenmehl mischen. Die Milch-Kefirmischung, Honig, Butter und Salz dazugeben. Den Teig so lange mit den Händen durchkneten, bis er eine schöne Struktur hat. Die Knetzeit beträgt ca. 15 Minuten.

Wichtig: Zwei Tage, bevor Sie mit dem Brot anfangen, setzen Sie 1 Esslöffel Milch-Kefir-Knollen in 600 ml Milch-Kefir an und lassen diesen bis zum Brotbacktag reifen. So entwickeln die wilden Hefen genügend Triebkraft.

3. Den Teig in ein bemehltes Gärkörbchen geben, mit einem Geschirrtuch zudecken und 24–36 Stunden an einem warmen Ort gehen lassen.

4. Den Teig so lange stehen lassen, bis er sich verdoppelt hat. Wie lange das dauert, hängt von der Raumtemperatur ab.

5. Wenn es so weit ist, den Backofen auf 250° C vorheizen.

6. Das Brot im vorgeheizten Ofen 10 Minuten backen.

7. Etwas Wasser in den Backofen schütten zum Verdampfen. Nach zehn Minuten den Backofen runterschalten auf 220° C und weitere 45 Minuten backen.

Das Brot ist fertig, wenn man auf den Boden klopft und es sich hohl anhört. Es schmeckt so gut, dass es nur noch etwas Butter braucht, um es zu genießen.

JOGHURT

„Um Joghurt zu erhalten, gibt man zur Milch eine Starterkultur hinzu. Das sind Milchsäurebakterien, die in Naturjoghurt oder Kefir enthalten sind. Diese kleinen Helfer wandeln den Milchzucker in Milchsäure um, wodurch die Milch fest wird. Von ihnen erhält Joghurt auch seinen typisch säuerlichen Geschmack.“

ZUTATEN

2 Liter Frischmilch

100 ml Naturjoghurt oder aktiven Kefir

ZUBEHÖR

Topf

Thermometer

Kochlöffel

1. Die Milch unter Rühren auf 85° C erhitzen und eine halbe Stunde vor sich hin köcheln lassen. Dabei immer rühren. Je länger die Milch kocht, umso dicker wird der Joghurt.

Tipp! Nach dem Käsen im Wasserbad gleich Joghurt anzusetzen macht Sinn. So kann gut die Restwärme vom Wasserbad genutzt werden zum Reifen von Joghurt. Dazu stellen Sie die befüllten Gläser in das noch warme Wasser (Temperatur zwischen 39° C und 42° C, evtl. noch ein wenig nachheizen) und verschließen das Ganze mit dem Deckel.

Den Joghurt immer in sterilisierte, vorgewärmte Gläser abfüllen. Dazu geben Sie die Gläser und Deckel in eine große Schüssel und übergießen diese mit heißem Wasser. So werden die Gläser sterilisiert und bleiben gleichzeitig warm. Erst kurz vor dem Abfüllen aus dem Wasser nehmen.

2. Inzwischen die Gläser vorbereiten. Die Gläser in einer Schüssel mit heißem Wasser übergießen.

3. Den Joghurt rasch abkühlen auf 45° C. Das geht am besten, wenn Sie den Topf in eine Schüssel mit kaltem Wasser stellen und ein paar Kühlakkus dazulegen. Dabei immer rühren, damit sich keine Haut bildet.

4. Bei 45° C Joghurt oder Kefir einrühren. Das Ganze in die vorbereiteten, noch warmen Gläser füllen und in eine mit Handtüchern ausgelegte Kühlbox oder Styroporkiste stellen.

5. Zwei mit heißem Wasser gefüllte Wärmflaschen dazugeben und alles gut einpacken. Die Box verschließen und den Joghurt reifen lassen. Milchsäurebakterien mögen es mollig warm.

6. 14–16 Stunden reifen lassen. Sobald sich der Joghurt abgesetzt hat, die Gläser zum Nachreifen in den Kühlschrank stellen.

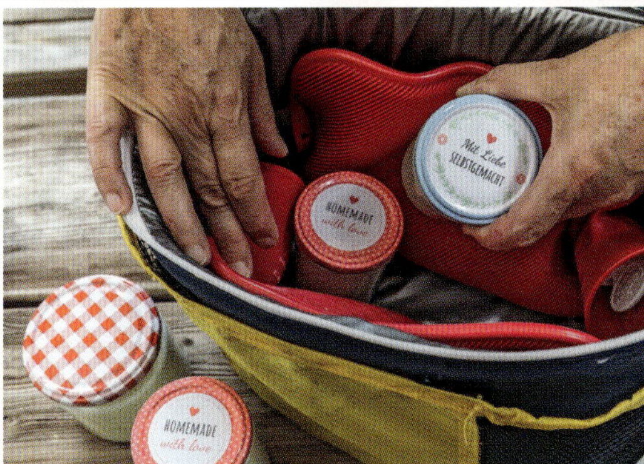

JOGHURT MIT FRISCHEN FRÜCHTEN

ZUTATEN

Joghurt

frische Früchte

Knuspermüsli

1. Die frischen Früchte waschen und in mundgerechte Stücke schneiden.

2. Die Hälfte vom Joghurt auf die Gläser verteilen.

3. Darüber eine Schicht Knuspermüsli und eine Schicht Früchte geben. Einige übrig lassen zum Dekorieren. Den restlichen Joghurt verteilen.

4. Mit ein bisschen Knuspermüsli und den restlichen Früchten dekorieren.

Tipp!

Wer mag, lässt noch einen Löffel Ahornsirup oder Honig drüberlaufen.

MANGO-LASSI

„Geht es Ihnen auch so wie mir? Kaum sitze ich bei meinem Lieblings-Inder im Restaurant, verspüre ich den Wunsch nach Mango-Lassi. Mango-Lassi lässt sich auch zu Hause sehr schnell zubereiten. Die wichtigste Zutat dabei ist eine vollreife Mango.“

ZUTATEN

1 frische Mango, geschält und in Stücke geschnitten

300 ml Joghurt

300 ml Wasser

Zimt

1 TL Rohrohrzucker

etwas Zitronensaft

ein paar Tropfen Rosenwasser

1 Msp. gemahlener Kardamom

1. Die Mango im Mixer pürieren. Nach und nach Joghurt, Wasser und die restlichen Zutaten dazugeben. Alles gut durchmixen.

2. Vor dem Genießen eine halbe Stunde kalt stellen.

FRISCHKÄSE AUS JOGHURT

„Die meisten von uns kennen Frischkäse nur aus dem Supermarkt, in kleinen Plastikschälchen verpackt, und wissen gar nicht, wie einfach es ist, Frischkäse selbst zu machen. Sie brauchen lediglich zwei Zutaten dazu: Joghurt und Salz. “

Für leckeren Frischkäse müssen Sie den Joghurt nicht einmal selbst herstellen. Nehmen Sie Ihren Lieblings-Naturjoghurt aus dem Glas und machen Sie über Nacht Frischkäse daraus.

Der Frischkäse ist so lecker, dass Sie wahrscheinlich keinen fertigen mehr kaufen werden.

Frischkäse lässt sich ohne großen Aufwand selber machen. Er
– benötigt keine Reifezeit
– ist sofort essbar.

ZUTATEN

2,5 kg Joghurt (gibt es in türkischen Supermärkten in 2,5-kg-Eimern)

1 EL Salz

ZUBEHÖR

Schüssel, Sieb, Käsetuch, Kochlöffel oder Schneebesen

Das Käsetuch vorbereiten:
Mit heißem Wasser übergießen, damit evtl. vorhandene Bakterien abgetötet werden und die Fasern des Tuches aufquellen können.

1. Das Sieb in die Schüssel stellen und mit dem Käsetuch auslegen.

2. Joghurt und Salz mit dem Kochlöffel oder Schneebesen gut durchrühren und in das Käsetuch gießen.

3. Die vier Ecken des Käsetuches miteinander verknoten und zum Abtropfen aufhängen.

4. Die Abtropfzeit liegt zwischen 12 und 16 Stunden.

Tipp! Fangen Sie nicht mit zu kleinen Mengen an. Machen Sie gleich mehr, der Aufwand ist der gleiche. Ich nehme generell 2,5 kg und verarbeite, was nicht innerhalb einer Woche gegessen wird, in Joghurtbällchen für die Speisekammer.

5. Den fertigen Frischkäse aus dem Tuch nehmen und zum Durchkühlen für ein bis zwei Stunden in den Kühlschrank stellen.

Ich fange mit meinem Frischkäse gerne am Nachmittag an. So kann das Ganze über Nacht abtropfen. An nächsten Morgen ist er meist schon fertig und wird weiterverarbeitet oder kommt zum Durchkühlen in den Kühlschrank.

JOGHURTBÄLLCHEN IN ÖL, MIT GETROCKNETEN TOMATEN

ZUTATEN

2,5 kg Joghurt (gibt es in türkischen Supermärkten in 2,5-kg-Eimern) oder selbst gemacht

1 EL Salz

2–3 Knoblauchzehen

getrocknete Tomaten

Kräuter der Provence

Olivenöl

ZUBEHÖR:

Schüssel, Sieb, Käsetuch, Kochlöffel oder Schneebesen, passende Gläser (sterilisiert)

Das Käsetuch vorbereiten: Mit heißem Wasser übergießen, damit evtl. vorhandene Bakterien abgetötet werden und die Fasern des Tuches aufquellen können.

1. Das Sieb in die Schüssel stellen und mit dem Käsetuch auslegen.

2. Joghurt mit dem Schneebesen gut durchrühren und in das Käsetuch gießen.

3. Die vier Ecken des Käsetuches miteinander verknoten und zum Abtropfen aufhängen.

4. 24 Stunden abtropfen lassen.

5. Das Tuch aufmachen und einen 1 EL Salz in die Masse einrühren. Das geht am besten mit einer Gabel.

6. Nochmals 24 Stunden abtropfen lassen.

7. Den Frischkäse aus dem Tuch nehmen, in eine Schüssel geben und gut durchrühren.

8. Aus dem Frischkäse kleine Kugeln drehen und auf einem Teller etwas antrocknen lassen.

„Für Joghurtbällchen lasse ich den Joghurt zwei Tage abtropfen."

9. Die Knoblauchzehen und die getrockneten Tomaten klein schneiden.

10. In die Gläser etwa 2 cm Olivenöl gießen. Darauf etwas Tomaten, Knoblauch, Kräuter und ein paar Joghurtbällchen legen. Mit Olivenöl aufgießen.

11. Nach und nach das Glas füllen und immer wieder mit Olivenöl auffüllen. So entstehen keine Lufteinschlüsse. Das Glas nicht zu voll machen. So viel Olivenöl auffüllen, dass alle Bällchen bedeckt sind.

> „Die Kombination aus süß und scharf schmeckt einfach genial! Der perfekte Dip für Kräcker, kommt immer gut an."

HIMMLISCHE DATTELCREME

ZUTATEN

100 g Datteln (entsteint)

½ Bund Frühlingszwiebeln

etwas Chili

300 g Frischkäse

1 Prise Salz

1. Datteln klein hacken.

2. Frühlingszwiebeln in feine Scheiben schneiden.

3. Frischkäse mit Datteln und den Frühlingszwiebeln vermischen.

4. Das Ganze mit Salz und Chili abschmecken.

WALNUSSPRALINEN

ZUTATEN

Frischkäse

Salz

Pfeffer

Walnüsse

1. Frischkäse mit Salz und Pfeffer abschmecken. Kleine Kugeln formen und auf einem Teller etwas antrocknen lassen.

2. In der Zwischenzeit die Walnüsse klein hacken.

3. Die Kugeln in den klein gehackten Walnüssen wälzen und kaltstellen.

„Diese leckeren Frischkäsepralinen mit frischen Walnüssen schmecken nach Herbst, langen Abenden bei Kerzenschein und Kuscheldecke. Dazu ein frisches Baguette, ein Glas Rotwein und Zeit."

Tipp!

Walnusspralinen sind eine wunderbare Deko auf kalten Platten und Käsetellern.

LACHSFRISCHKÄSE

„Dreimal anders und jedes Mal gut. Trauen Sie sich, variieren und kreieren Sie nach Lust und Laune. Das ist das Schöne am Selbermachen … Nichts ist vorgegeben, alles ist möglich. Ich mag es, wenn sich aus einem Standard-Rezept verschiedene Möglichkeiten ergeben, wie hier der Lachsfrischkäse: einmal als Brotzeit auf einer Scheibe Bauernbrot, einmal als kreative Vorspeise: Kartoffelturm mit Lachsfrischkäse auf Haselnussblatt, einmal als Taglilien-Traum mit neuen Kartoffeln.“

ZUTATEN

250 g Frischkäse selbst gemacht aus Joghurt

250 g Räucherlachs

etwas Milch

etwas Zitronensaft

1 Zwiebel

Salz/Pfeffer

Schnittlauch

Bauernbrot

1. Räucherlachs und die Zwiebel klein schneiden, mit dem Frischkäse und evtl. etwas Milch glatt rühren. Mit Salz, Pfeffer und dem Zitronensaft abschmecken.

2. Eine Scheibe Bauernbrot damit bestreichen und mit Schnittlauch dekorieren.

KARTOFFELTURM MIT LACHSFRISCHKÄSE AUF HASELNUSSBLATT

„So schnell zaubern Sie eine wunderbare Vorspeise fürs Auge und für den Gaumen.“

ZUTATEN

Kartoffeln nach Bedarf

schöne frische Haselnussblätter

Zitronenmelissespitzen

250 g Frischkäse selbst gemacht aus Joghurt

250 g Räucherlachs

etwas Milch

etwas Zitronensaft

1 Zwiebel

Salz/Pfeffer

ein wenig Bärlauchsalz (selbst gemacht Seite 17)

1. Räucherlachs und die Zwiebel klein schneiden, mit dem Frischkäse und evtl. etwas Milch glatt rühren. Mit Salz, Pfeffer und dem Zitronensaft abschmecken.

2. Kartoffeln kochen und pellen. Jeweils eine Kartoffel in Scheiben schneiden. Schicht für Schicht zu einem kleinen Turm stapeln. Eine Scheibe Kartoffel, ein Löffel Lachsfrischkäse usw.

3. Den Kartoffelturm auf ein Haselnussblatt legen, die Kartoffeln mit Bärlauchsalz bestreuen und mit etwas Zitronenmelisse garnieren.

Noch lauwarm servieren!

Tipp!

Die Kartoffeltürme machen sich wunderbar auf einer Platte bei einem Büfett.

TAGLILIEN-TRAUM MIT KARTOFFELN UND LACHSFRISCHKÄSE

ZUTATEN

Kartoffeln nach Bedarf

pro Person 2 orangefarbene Taglilien

250 g Frischkäse selbst gemacht aus Joghurt

250 g Räucherlachs

etwas Milch

etwas Zitronensaft

1 Zwiebel

Salz/Pfeffer

1. Die Kartoffeln gar kochen.

2. In der Zwischenzeit Taglilien ernten. Nicht waschen!
Nur etwas ausschütteln, falls sich Kleintiere darin befinden. Die Staubgefäße entfernen. Das geht ganz einfach mit den Fingern.

3. Räucherlachs und die Zwiebel klein schneiden, mit dem Frischkäse und evtl. etwas Milch glatt rühren. Mit Salz, Pfeffer und dem Zitronensaft abschmecken.

4. Die Kartoffeln pellen. Die Taglilien mit dem Lachsfrischkäse füllen und alles schön anrichten. Mit ein paar essbaren Blüten (z. B. Ringelblume, Borretsch oder Rosenblütenblätter) dekorieren.

Die Taglilienblüten sollten immer frisch und noch nicht ganz geöffnet verwendet werden. Die Staubgefäße entfernen, so lassen sich die Blüten leichter füllen. Die Blüten halten, wie der Name schon sagt, einen Tag. Sobald es dunkel wird, fangen sie an zu verwelken. Am nächsten Morgen gehen neue frische Blüten auf, den ganzen Sommer lang.
Taglilien passen sehr gut zu unserem selbst gemachten Lachsfrischkäse.

„Diese wundervollen großen Blüten eignen sich sehr gut zum Füllen. Taglilien sind bei uns kaum als essbare Blüten bekannt. Die süßlichen, leicht scharf schmeckenden Blüten passen wunderbar in die Bayerische Küche. Ob im Salat, als Brotbelag oder als gefüllte Variante zu Kartoffeln wie hier im Rezept. Kaum zu glauben, dass früher bei Hofe Taglilien als kulinarische Genüsse galten und auf der Tafel nicht fehlen durften. “

SCHNITTFESTER FRISCHKÄSE – EINFACHER LABBRUCH

„Wenn Sie dem Buch bis hierher gefolgt sind, haben Sie genug Erfahrungen gesammelt mit Paneer, Joghurt und Milch-Kefir. Jetzt sind Sie bereit für die nächste Stufe in der Milchwerkstatt.“

ZUBEHÖR

1 Einkochkessel mit Wasserbad oder ein großer Topf
1 Thermometer
1 Bruchmesser
1 Abtropfgitter
eine Abtropfmatte
3 runde 800-g-Käseformen oder mehrere kleine
1 Schüssel

Schnittfester Frischkäse

Das bedeutet: Der Käse ist nach der Herstellung sofort essbar, der Käse benötigt keine Reifezeit. Mit diesem Käse üben Sie den Ablauf in der Käseherstellung. Es ist aufregend genug zu sehen, wie die Milch dick wird und Sie den ersten Bruch schneiden. Hier brauchen Sie sich noch keine Gedanken zu machen übers Reifen und Lagern. Nur üben, üben, üben …

ZUTATEN

12 Liter pasteurisierte Milch

180 ml Naturjoghurt oder aktiver Kefir

4 ml Lab – 1:15.000 in etwas kaltem Wasser auflösen

(Lab nach Herstellerangabe verwenden. Die Dosierung ist von Lab zu Lab unterschiedlich.)

Sie können die Milchmenge auch teilen und erst einmal mit 6 Litern am Herd anfangen. Für das Wasserbad verwenden Sie die Topf-in-Topf-Methode.

1. Einkochkessel vorbereiten, ca. 7 Liter Wasser für das Wasserbad einfüllen.

2. Den Einsatz einsetzen. Die Wassermenge passt, wenn der Einsatz leicht aufschwimmt.

3. Die Milch in den Käsekessel füllen und langsam unter ständigem Rühren auf 32° C erwärmen.

4. Den aktiven Kefir als Starterkultur dazugeben.

5. Alles gut verrühren, mit einem Tuch abdecken und eine Stunde bebrüten lassen.

6. Die Temperatur auf 32° C prüfen. Wenn nötig, etwas nachwärmen. Das Lab in etwas kaltem Wasser auflösen und zügig in die Milch einrühren.

7. Das Ganze abgedeckt ca. eine Stunde ruhen lassen (stilllegen). Den Topf nicht mehr bewegen. In dieser Zeit bildet sich die Gallerte. Das heißt, die Milch wird fest.

8. Nach 45 Minuten die Gallerte mit einem Probeschnitt prüfen. Mit einem Messer einen Schnitt in die Gallerte machen, der Schnitt muss deutlich zu erkennen sein. Die Schnittstelle darf nicht gleich wieder zusammenlaufen. Wenn nötig, noch etwas Zeit dazugeben. Noch mal prüfen.

9. Die Gallerte in 2 cm große Würfel schneiden. Erst längs, dann quer schneiden und verziehen. Aus der Gallerte wird der Käsebruch. Den Käsebruch ca. eine halbe Stunde langsam und vorsichtig rühren, immer wieder etwas setzen lassen.

10. Die Bruchkörner dabei klein schneiden auf Haselnussgröße. Dazwischen immer wieder etwas setzen lassen.

11. Die Bruchkörner ein paar Minuten absetzen lassen. Molke abschöpfen.
Für die Salzlake nehmen Sie 4 Liter von der noch warmen Molke und rühren 1 kg Salz dazu. In der noch warmen Molke löst sich das Salz leicht auf.

Tipp!

Stellen Sie aus einer Ladung Käsebruch verschiedene Varianten her. So haben Sie eine große Auswahl an Käse zum Probieren. Welcher schmeckt am besten? Gleich notieren.

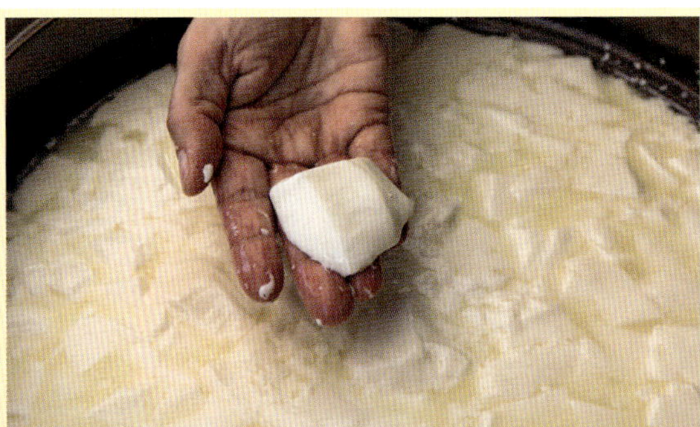

12. Den Käsebruch vorsichtig in die Formen füllen. Den Pressdeckel auflegen. Die Formen auf das Abtropfgitter stellen. Den Käse in der Form 4 Stunden lang alle halbe Stunde einmal wenden.

13. Die Käseformen mit einem Tuch abdecken und über Nacht bei einer Raumtemperatur von 18–20° C abtropfen lassen.

14. Am nächsten Tag den Käse aus der Form nehmen. Die Kanten, die vom Pressdeckel entstanden sind, abschneiden, um eine schöne Form zu erhalten. So vermeiden Sie auch ein unschönes Austrocknen des Randes. Das geht am besten mit einem Sparschäler.

15. Den Käse in die Salzlake legen. Frischkäse bleibt pro 500 g Käse ca. 2 Stunden in der Salzlake.

16. Den Käse bei Zimmertemperatur trocknen lassen. Fertig!

Wichtig: Immer daran denken, wir arbeiten ohne Konservierungsstoffe. Die Haltbarkeit liegt gekühlt im Kühlschrank bei ca. 1 Woche.

„Frischer Schnittlauch schmeckt nicht nur in unser Schnittlauchbutter-Rolle von Seite 144. Auch im schnittfesten Frischkäse hinterlässt er seine schöne grüne Farbe und sein würzig scharfes Aroma.“

SCHNITTLAUCH-GLÜCK

ZUTATEN

12 Liter pasteurisierte Milch

180 ml Naturjoghurt oder aktiver Kefir

klein geschnittener Schnittlauch

4 ml Lab – 1:15.000 in etwas kaltem Wasser auflösen

(Lab nach Herstellerangabe verwenden. Die Dosierung ist von Lab zu Lab unterschiedlich.)

ZUBEHÖR

1 Einkochkessel mit Wasserbad oder ein großer Topf,
1 Thermometer,
1 Bruchmesser, 1 Abtropfgitter, eine Abtropfmatte,
3 runde 800-g-Käseformen oder mehrere kleine,
1 Schüssel

1. Einkochkessel vorbereiten, ca. 7 Liter Wasser für das Wasserbad einfüllen.

2. Den Einsatz einsetzen. Die Wassermenge passt, wenn der Einsatz leicht aufschwimmt.

3. Die Milch in den Käsekessel füllen und langsam unter ständigem Rühren auf 32° C erwärmen.

4. Den aktiven Kefir als Starterkultur dazugeben.

5. Alles gut verrühren, mit einem Tuch abdecken und eine Stunde bebrüten lassen.

6. Die Temperatur auf 32° C prüfen. Wenn nötig, etwas nachwärmen. Das Lab in etwas kaltem Wasser auflösen und zügig in die Milch einrühren.

7. Das Ganze abgedeckt ca. eine Stunde ruhen lassen (stilllegen). Den Topf nicht mehr bewegen. In dieser Zeit bildet sich die Gallerte. Das heißt, die Milch wird fest.

8. Nach 45 Minuten die Gallerte mit einem Probeschnitt prüfen. Mit einem Messer einen Schnitt in die Gallerte machen, der Schnitt muss deutlich zu erkennen sein. Die Schnittstelle darf nicht gleich wieder zusammenlaufen. Wenn nötig, noch etwas Zeit dazugeben. Noch mal prüfen.

9. Die Gallerte in 2 cm große Würfel schneiden. Erst längs, dann quer schneiden und verziehen. Aus der Gallerte wird der Käsebruch. Den Käsebruch ca. eine halbe Stunde langsam und vorsichtig rühren, immer wieder etwas setzen lassen.

10. Die Bruchkörner dabei klein schneiden auf Haselnussgröße. Dazwischen immer wieder etwas setzen lassen.

11. Die Bruchkörner ein paar Minuten absetzen lassen. Molke abschöpfen.

12. Für die Salzlake nehmen Sie 4 Liter von der noch warmen Molke und rühren 1 kg Salz dazu. In der noch warmen Molke löst sich das Salz leicht auf.

13. Den Käsebruch vorsichtig in die Formen füllen. Dabei den Schnittlauch unter den Bruch mischen. Pressdeckel auflegen. Die Formen auf das Abtropfgitter stellen. Den Käse in der Form 4 Stunden lang alle halbe Stunde einmal wenden.

14. Die Käseformen mit einem Tuch abdecken und über Nacht bei einer Raumtemperatur von 18–20° C abtropfen lassen.

15. Am nächsten Tag den Käse aus der Form nehmen. Die Kanten, die vom Pressdeckel entstanden sind, abschneiden, um eine schöne Form zu erhalten. So vermeiden Sie auch ein unschönes Austrocknen des Randes. Das geht am besten mit einem Sparschäler.

16. Den Käse in die Salzlake legen. Frischkäse bleibt pro 500 g Käse ca. 2 Stunden in der Salzlake.

17. Den Käse bei Zimmertemperatur trocknen lassen. Fertig!

KNOBLAUCH-KOBOLD

„Wer Knoblauch mag, für den ist unser Knoblauch-Kobold genau richtig."

ZUTATEN

12 Liter pasteurisierte Milch

180 ml Naturjoghurt oder aktiver Kefir

klein gehackter Knoblauch

4 ml Lab – 1:15.000 in etwas kaltem Wasser auflösen

(Lab nach Herstellerangabe verwenden. Die Dosierung ist von Lab zu Lab unterschiedlich.)

ZUBEHÖR

1 Einkochkessel mit Wasserbad oder ein großer Topf,
1 Thermometer,
1 Bruchmesser, 1 Abtropfgitter, eine Abtropfmatte,
3 runde 800-g-Käseformen oder mehrere kleine,
1 Schüssel

1. Einkochkessel vorbereiten, ca. 7 Liter Wasser für das Wasserbad einfüllen.

2. Den Einsatz einsetzen. Die Wassermenge passt, wenn der Einsatz leicht aufschwimmt.

3. Die Milch in den Käsekessel füllen und langsam unter ständigem Rühren auf 32° C erwärmen.

4. Den aktiven Kefir als Starterkultur dazugeben.

5. Alles gut verrühren, mit einem Tuch abdecken und eine Stunde bebrüten lassen.

6. Die Temperatur auf 32° C prüfen. Wenn nötig, etwas nachwärmen. Das Lab in etwas kaltem Wasser auflösen und zügig in die Milch einrühren.

7. Das Ganze abgedeckt ca. eine Stunde ruhen lassen (stillegen). Den Topf nicht mehr bewegen. In dieser Zeit bildet sich die Gallerte. Das heißt, die Milch wird fest.

8. Nach 45 Minuten die Gallerte mit einem Probeschnitt prüfen. Mit einem Messer einen Schnitt in die Gallerte machen, der Schnitt muss deutlich zu erkennen sein. Die Schnittstelle darf nicht gleich wieder zusammenlaufen. Wenn nötig, noch etwas Zeit dazugeben. Noch mal prüfen.

9. Die Gallerte in 2 cm große Würfel schneiden. Erst längs, dann quer schneiden und verziehen. Aus der Gallerte wird der Käsebruch. Den Käsebruch ca. eine halbe Stunde langsam und vorsichtig rühren, immer wieder etwas setzen lassen.

10. Die Bruchkörner dabei klein schneiden auf Haselnussgröße. Dazwischen immer wieder etwas setzen lassen.

11. Die Bruchkörner ein paar Minuten absetzen lassen. Molke abschöpfen.

12. Für die Salzlake nehmen Sie 4 Liter von der noch warmen Molke und rühren 1 kg Salz dazu. In der noch warmen Molke löst sich das Salz leicht auf.

13. Den Käsebruch vorsichtig in die Formen füllen. Dabei den Knoblauch unter den Bruch mischen. Pressdeckel auflegen. Die Formen auf das Abtropfgitter stellen. Den Käse in der Form 4 Stunden lang alle halbe Stunde einmal wenden.

14. Die Käseformen mit einem Tuch abdecken und über Nacht bei einer Raumtemperatur von 18–20° C abtropfen lassen.

15. Am nächsten Tag den Käse aus der Form nehmen. Die Kanten, die vom Pressdeckel entstanden sind, abschneiden, um eine schöne Form zu erhalten. So vermeiden Sie auch ein unschönes Austrocknen des Randes. Das geht am besten mit einem Sparschäler.

16. Den Käse in die Salzlake legen. Frischkäse bleibt pro 500 g Käse ca. 2 Stunden in der Salzlake.

17. Den Käse bei Zimmertemperatur trocknen lassen. Fertig!

SCHARFER FRITZ

„Für Chili-Liebhaber – der Käse für Mutige! Bestimmen Sie selbst den Schärfegrad!“

ZUTATEN

12 Liter pasteurisierte Milch

180 ml Naturjoghurt oder aktiver Kefir

Chiliflocken

4 ml Lab – 1:15.000 in etwas kaltem Wasser auflösen

(Lab nach Herstellerangabe verwenden. Die Dosierung ist von Lab zu Lab unterschiedlich.)

ZUBEHÖR

1 Einkochkessel mit Wasserbad oder ein großer Topf,
1 Thermometer,
1 Bruchmesser, 1 Abtropfgitter, eine Abtropfmatte,
3 runde 800-g-Käseformen oder mehrere kleine,
1 Schüssel

1. Einkochkessel vorbereiten, ca. 7 Liter Wasser für das Wasserbad einfüllen.

2. Den Einsatz einsetzen. Die Wassermenge passt, wenn der Einsatz leicht aufschwimmt.

3. Die Milch in den Käsekessel füllen und langsam unter ständigem Rühren auf 32° C erwärmen.

4. Den aktiven Kefir als Starterkultur dazugeben.

5. Alles gut verrühren, mit

einem Tuch abdecken und eine Stunde bebrüten lassen.

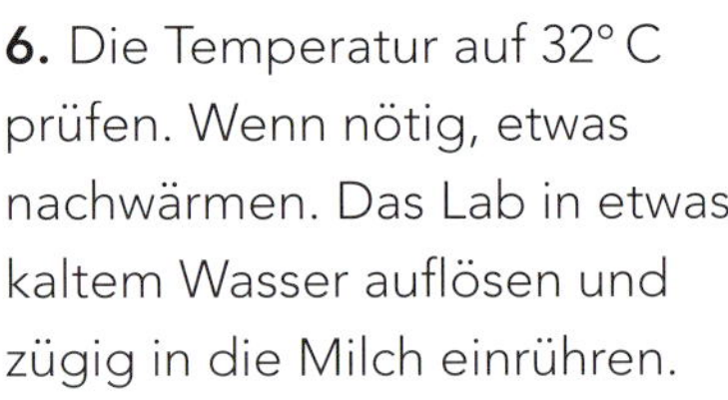

6. Die Temperatur auf 32° C prüfen. Wenn nötig, etwas nachwärmen. Das Lab in etwas kaltem Wasser auflösen und zügig in die Milch einrühren.

7. Das Ganze abgedeckt ca. eine Stunde ruhen lassen (stillegen). Den Topf nicht mehr bewegen. In dieser Zeit bildet sich die Gallerte. Das heißt, die Milch wird fest.

8. Nach 45 Minuten die Gallerte mit einem Probeschnitt prüfen. Mit einem Messer einen Schnitt in die Gallerte machen, der Schnitt muss deutlich zu erkennen sein. Die Schnittstelle darf nicht gleich wieder zusammenlaufen. Wenn nötig, noch etwas Zeit dazugeben. Noch mal prüfen.

9. Die Gallerte in 2 cm große Würfel schneiden. Erst längs, dann quer schneiden und verziehen. Aus der Gallerte wird der Käsebruch. Den Käsebruch ca. eine halbe Stunde langsam und vorsichtig rühren, immer wieder etwas setzen lassen.

10. Die Bruchkörner dabei klein schneiden auf Haselnussgröße. Dazwischen immer wieder etwas setzen lassen.

11. Die Bruchkörner ein paar Minuten absetzen lassen. Molke abschöpfen.

12. Für die Salzlake nehmen Sie 4 Liter von der noch warmen Molke und rühren 1 kg Salz dazu. In der noch warmen Molke löst sich das Salz leicht auf.

13. Den Käsebruch vorsichtig in die Formen füllen. Dabei die Chiliflocken unter den Bruch mischen. Pressdeckel auflegen. Die Formen auf das Abtropfgitter stellen. Den Käse in der Form 4 Stunden lang alle halbe Stunde einmal wenden.

14. Die Käseformen mit einem Tuch abdecken und über Nacht bei einer Raumtemperatur von 18–20° C abtropfen lassen.

15. Am nächsten Tag den Käse aus der Form nehmen. Die Kanten, die vom Pressdeckel entstanden sind, abschneiden, um eine schöne Form zu erhalten. So vermeiden Sie auch ein unschönes Austrocknen des Randes. Das geht am besten mit einem Sparschäler.

16. Den Käse in die Salzlake legen. Frischkäse bleibt pro 500 g Käse ca. 2 Stunden in der Salzlake.

17. Den Käse bei Zimmertemperatur trocknen lassen. Fertig!

FRISCHKÄSE MIT GRÜNEM PFEFFER

„Grüner Pfeffer verfeinert Käse durch sein mildes Aroma und seine angenehme Schärfe.“

ZUTATEN

12 Liter pasteurisierte Milch

180 ml Naturjoghurt oder aktiver Kefir

eingelegter grüner Pfeffer

4 ml Lab – 1:15.000 in etwas kaltem Wasser auflösen

(Lab nach Herstellerangabe verwenden. Die Dosierung ist von Lab zu Lab unterschiedlich.)

ZUBEHÖR

1 Einkochkessel mit Wasserbad oder ein großer Topf,
1 Thermometer,
1 Bruchmesser, 1 Abtropfgitter, eine Abtropfmatte,
3 runde 800-g-Käseformen oder mehrere kleine,
1 Schüssel

1. Einkochkessel vorbereiten, ca. 7 Liter Wasser für das Wasserbad einfüllen.

2. Den Einsatz einsetzen. Die Wassermenge passt, wenn der Einsatz leicht aufschwimmt.

3. Die Milch in den Käsekessel füllen und langsam unter ständigem Rühren auf 32° C erwärmen.

4. Den aktiven Kefir als Starterkultur dazugeben.

5. Alles gut verrühren, mit einem Tuch abdecken und eine Stunde bebrüten lassen.

6. Die Temperatur auf 32° C prüfen. Wenn nötig, etwas nachwärmen. Das Lab in etwas kaltem Wasser auflösen und zügig in die Milch einrühren.

7. Das Ganze abgedeckt ca. eine Stunde ruhen lassen (stillegen). Den Topf nicht mehr bewegen. In dieser Zeit bildet sich die Gallerte. Das heißt, die Milch wird fest.

8. Nach 45 Minuten die Gallerte mit einem Probeschnitt prüfen. Mit einem Messer einen Schnitt in die Gallerte machen, der Schnitt muss deutlich zu erkennen sein. Die Schnittstelle darf nicht gleich wieder zusammenlaufen. Wenn nötig, noch etwas Zeit dazugeben. Noch mal prüfen.

9. Die Gallerte in 2 cm große Würfel schneiden. Erst längs, dann quer schneiden und verziehen. Aus der Gallerte wird der Käsebruch. Den Käsebruch ca. eine halbe Stunde langsam und vorsichtig rühren, immer wieder etwas setzen lassen.

10. Die Bruchkörner dabei klein schneiden auf Haselnussgröße. Dazwischen immer wieder etwas setzen lassen.

11. Die Bruchkörner ein paar Minuten absetzen lassen. Molke abschöpfen.

12. Für die Salzlake nehmen Sie 4 Liter von der noch warmen Molke und rühren 1 kg Salz dazu. In der noch warmen Molke löst sich das Salz leicht auf.

13. Den Käsebruch vorsichtig in die Formen füllen. Dabei den grünen Pfeffer unter den Bruch mischen. Pressdeckel auflegen. Die Formen auf das Abtropfgitter stellen. Den Käse in der Form 4 Stunden lang alle halbe Stunde einmal wenden.

14. Die Käseformen mit einem Tuch abdecken und über Nacht bei einer Raumtemperatur von 18–20° C abtropfen lassen.

15. Am nächsten Tag den Käse aus der Form nehmen. Die Kanten, die vom Pressdeckel entstanden sind, abschneiden, um eine schöne Form zu erhalten. So vermeiden Sie auch ein unschönes Austrocknen des Randes. Das geht am besten mit einem Sparschäler.

16. Den Käse in die Salzlake legen. Frischkäse bleibt pro 500 g Käse ca. 2 Stunden in der Salzlake.

17. Den Käse bei Zimmertemperatur trocknen lassen. Fertig!

FRISCHKÄSETÖRTCHEN MIT VEILCHENBLÜTEN

„Essbare Blüten treffen auf Frischkäse! Mit Veilchenblüten veredeln Sie Ihren Käse zur wahren Schönheit. Sie sind wunderschön anzusehen, ihr leicht süßer Geschmack passt hervorragend zu Käse und Salat. Für ein Blütenmeer auf Ihrem Käse sammeln Sie frische Blüten, kurz nachdem sie aufgegangen sind.“

ZUTATEN

kleiner Frischkäse

frisch gepflückte Veilchenblüten

frischer Schnittlauch

1. Kleinen Frischkäse herstellen aus der Salzlake nehmen und etwas antrocknen lassen.

2. Schnittlauch klein schneiden.

3. Den Frischkäse hochkant nehmen und im Schnittlauch wälzen – etwas andrücken.

4. Die Oberfläche mit den Veilchenblüten dekorieren.

Essbare Blüten wie Borretsch, Ringelblume und Salbei sehen auch sehr schön aus. Frische Blüten am gleichen Tag verzehren. Nur ungespritzte Blüten verwenden.

FRISCHKÄSE MIT BUNTER BLÜTEN-GEWÜRZ-MISCHUNG

„Blüten-Gewürz-Mischungen können Sie selbst aus getrockneten Blüten und Gewürzen herstellen oder in gut sortierten Naturkostläden kaufen. Sie bestehen aus einer Mischung getrockneten Blüten wie Rosenblütenblättern, Ringelblumen, Kornblumen, Sonnenblumenblütenblättern und Gewürzen wie bunten Pfeffer, Knoblauch, Rosmarin, Thymian, Chili, gemahlenen Nelken, Vanille und Zimt."

ZUTATEN

Kleiner Frischkäse

Blüten-Gewürz-Mischung

1. Kleinen Frischkäse herstellen, aus der Salzlake nehmen und etwas antrocknen lassen.

2. Die Oberfläche mit der Blüten-Gewürz-Mischung bestreuen.

FRISCHKÄSE MIT FRISCHEN FEIGEN UND NÜSSEN

„Resteverwertung: Bleiben Frischkäse-Reste, serviere ich diese gerne schön angerichtet mit ein paar Nüssen und Feigen als Vorspeise.“

ZUTATEN

Frischkäse

frische Feigen

ein paar Walnüsse

ein paar Haselnüsse

eine Handvoll Granatapfelkerne

Pfeffer aus der Mühle

flüssiger Honig

1. Frischkäse in Scheiben schneiden, auf einem Teller verteilen. Etwas frischen Pfeffer aus der Mühle drübermahlen.

2. Die Feigen in Scheiben und Viertel schneiden und auf dem Käse verteilen.

3. Mit den Granatapfelkernen und klein gehackten Nüssen dekorieren.

4. Flüssigen Honig drüberlaufen lassen.

5. Fertig!

Dazu passt frisches Baguette-Brot.

QUARK

**„Unter den Frischkäsesorten ist Quark eine der beliebtesten. Ob süß oder salzig, immer ein Genuss – süße Quarktaschen oder Käsekuchen lassen einen so richtig schlemmen. Pellkartoffen mit Quark lieben die Kinder.
Mit Kräutern verfeinert passt Quark zu Gegrilltem, aufs Brot oder als Füllung in Ravioli oder Strudel.“**

ZUTATEN

4 Liter pasteurisierte Milch

1 Becher Naturjoghurt oder 100 ml aktiver Kefir

8 Tropfen Lab (pro Liter ca. 2 Tropfen)

etwas Wasser

ZUBEHÖR

Topf, Thermometer, Messer oder Kuchenpalette zum Bruch schneiden, Käsetuch, Schüssel

1. Die Milch in den Topf geben und langsam auf 32° C erwärmen.

2. Den Topf von der Herdplatte nehmen, den Joghurt oder den aktiven Kefir dazugeben. Das Ganze gut durchrühren.

3. Den Topf mit einem Tuch abdecken und ca. 3 Stunden zum Säuern stehen lassen.

4. Das Lab in etwas Wasser auflösen. Die Temperatur prüfen und evtl. etwas nachwärmen. Die Einlabtemperatur

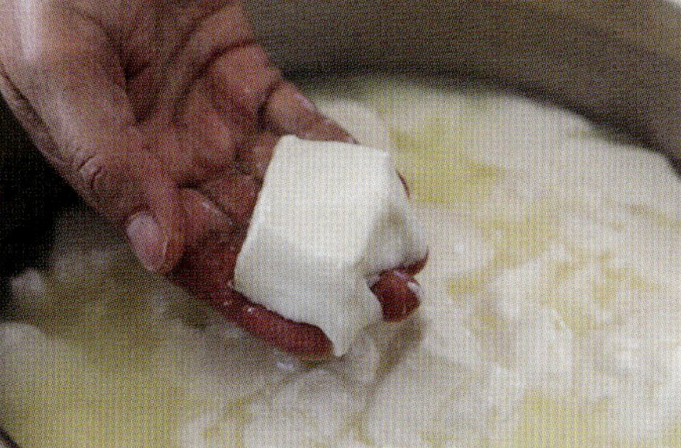

sollte bei 32° C liegen. Lab einrühren, das Ganze sofort stilllegen.

5. Den Topf mit einem Tuch abdecken und bei Zimmertemperatur ca. 16 Stunden stehen lassen. Am besten über Nacht.

6. Die Milch ist eingedickt. Etwas Molke hat sich bereits abgesetzt.

7. Bruch schneiden und ca. eine halbe Stunde ausmolken lassen.

8. Die Bruchmasse in ein Käsetuch schöpfen und ca. 4 Stunden zum Abtropfen aufhängen.

Die Abtropfzeit liegt bei ca. 4 Stunden. Nach ein paar Stunden die Konsistenz prüfen. Je mehr Flüssigkeit abtropft, umso fester wird der Quark.

Das ist bei allen Milchprodukten so, die zum Abtropfen aufgehängt werden. Quark für Kräuterquark oder Käsekuchen

Info: Quarkwickel – ein uraltes bewährtes Heilmittel
Schon Pfarrer Kneipp wusste, äußerlich angewandt können kalte Quarkwickel sehr hilfreich sein bei Sonnenbrand, Insektenstichen, Gelenkentzündungen oder auch bei Fieber. Quark lindert den Schmerz, entzieht Entzündungen und lässt Schwellungen zurückgehen. Der kühlende Effekt wird als sehr wohltuend empfunden.

darf cremiger sein. Möchten Sie Quarkbällchen in Öl einlegen, lassen Sie den Quark länger abhängen. Denn ist der Quark zu weich, lassen sich keine Bällchen drehen, und im Glas würden die Bällchen ineinander verschmelzen.

Sollte Ihnen der Quark einmal zu fest geworden sein, lässt sich das Ganze durch etwas Molke oder Sahne wieder cremig rühren. Ist er noch zu weich, einfach noch einige Zeit abtropfen lassen. Ganz einfach! Haben Sie erst einmal damit angefangen, Quark selbst zu machen, und die ersten Versuche hinter sich, bekommen Sie schnell ein Gespür für den Ablauf und die Konsistenz.

Ich fange gerne so gegen 14 Uhr an. Das ist für mich eine gute Zeit. Meist ist es ein Freitag. Nach den 3 Stunden Säuern kann gegen 18 Uhr eingelabt werden. Der Zeitaufwand ist sehr gering. Der Topf kann dann in Ruhe bis zum nächsten Tag stehen bleiben. Am Samstag früh Bruch schneiden und aufhängen. Bis Mittag ist der Quark fertig.

Nicht vergessen: rechtzeitig das Käsetuch vorbereiten. Mit heißem Wasser übergießen, damit evtl. vorhandene Bakterien abgetötet werden und die Fasern des Tuches aufquellen können.

OMAS QUARKSPEISE

ZUTATEN

500 g Quark

100 ml Sahne

50 g Zucker

1 EL selbst gemachter oder 1 Tüte Vanillezucker

ein bisschen Zitronensaft

etwas Salz

100 g Rosinen

2 EL Ahornsirup

1. Die Rosinen in etwas Wasser aufquellen lassen. Quark, Zucker, Vanillezucker, Zitronensaft und etwas Salz gut verrühren. Die Rosinen abtropfen lassen und unterheben. Abschmecken!

2. Den Quark in eine Schüssel oder in kleine Dessertschälchen füllen. Mit dem Ahornsirup beträufeln.

Wussten Sie, dass Vanilleschoten von der Gewürzorchidee stammen? Um Vanillestangen zu erhalten, wie wir sie kennen, dauert es Monate. Die Vanilleschoten werden grün geerntet, fermentiert und getrocknet, bis sie ihr typisches Aroma entwickeln. Danach gehen sie erst in den Verkauf.

ZUTATEN

500 g Zucker

2 Bio-Vanilleschoten

1 Bügelglas (1 Liter)

Vanillezucker selbst gemacht

1. Die Vanilleschoten in kleine Stücke schneiden.

2. Mit dem Zucker in das Bügelglas geben und einige Tage stehen lassen. Ab und zu einmal durchschütteln.

3. Nach ein paar Tagen das Ganze in der Küchenmaschine fein mahlen. Bei mir macht das der Thermomix: 15 Sek./Stufe 10.

4. Den so entstandenen Vanillepuderzucker zurück in das Bügelglas geben.

Der so entstandene Vanille-Puderzucker wird genauso verwendet wie der Tütenzucker. Ein gehäufter Esslöffel entspricht einem Päckchen gekauften Vanillezuckers.
Der selbst gemachte Vanille-Puderzucker schmeckt viel intensiver und ist fest verschlossen monatelang haltbar.
So entsteht fast kein Müll! Die Reagenzgläschen, in denen die Vanilleschoten verkauft werden, können wieder befüllt und als Gruß aus der Küche verschenkt werden.

KÄSEKUCHEN

„Lassen Sie sich verführen! Von gleich zwei selbst gemachten Milchprodukten, Quark und Mascarpone. Mit einem Boden aus Mürbeteig und einer herrlichen Creme-Füllung aus Quark und Mascarpone gehört dieser Käsekuchen zu den Favoriten auf jeder Kaffeetafel."

ZUTATEN

für den Mürbteig:

150 g Mehl

100 g Zucker

1 EL selbst gemachter Vanillezucker (Seite 81)

etwas Salz

100 g Butter

1 Eigelb

½ TL Zitronenabrieb

etwas Butter und Semmelbrösel für die Springform zum Ausfetten

für die Füllung:

500 g Quark

500 g Mascarpone

140 g Zucker

1EL. Vanillezucker

30 g Mehl

2 Eigelb

5 Eier

4 EL Sahne

Saft von 2 Zitronen + restlicher Zitronenabrieb

Puderzucker zum Bestreuen

1. Die Zitronen waschen, die Schale fein abreiben und den Saft auspressen.

2. 150 g Mehl, ca. ½ TL Zitronenabrieb, 100 g Zucker, 1 EL Vanillezucker, Salz, Butter und 1 Eigelb rasch mit den Händen zu einem Mürbteig verkneten.

3. Den Teig in Frischhaltefolie wickeln und eine halbe Stunde in den Kühlschrank legen.

4. Eine Springform (26 cm Ø) einfetten und mit Semmelbröseln ausstreuen.

5. Den kalten Mürbteig mit den Händen auf der bemehlten Arbeitsfläche kurz durchkneten, mit einem Nudelholz von der Mitte nach außen ausrollen. Die Springform damit auslegen und einen kleinen Rand hochziehen.

6. Den Teig mehrmals mit einer Gabel einstechen. Bei 200° C im vorgeheizten Backofen 15–20 Minuten backen.

7. Quark, Mascarpone, Zucker, Vanillezucker, Mehl, Eigelb, Eier, Sahne, restlichen Zitronensaft und Zitronenabrieb zusammen glattrühren.

8. Die Masse auf den vorgebackenen Mürbeboden geben.

9. Im vorgeheizten Backofen bei 250° C auf der untersten Schiene ca. 10 Minuten backen.

10. Die Temperatur auf 125° C herunterschalten und den Kuchen weitere 2 Stunden backen. Den Kuchen auskühlen lassen und mit Puderzucker bestreuen.

QUARKBÄLLCHEN MIT OLIVEN IN ÖL

„Ganz einfach und schnell gemacht. Ideal als selbst gemachtes Mitbringsel. Schmeckt pur aus dem Glas, auf Baguette oder im Salat.“

ZUTATEN

Quark
Salz
Pfeffer
Knoblauchzehe
Oliven
getrocknete Tomaten
italienische Gewürzmischung
Olivenöl
passende Gläser (sterilisiert)

1. Den Quark gut abhängen. Mit Salz und Pfeffer würzen und abschmecken. Die Knoblauchzehe in Scheiben schneiden. Die getrockneten Tomaten in nicht zu kleine Stücke schneiden.

2. Aus dem Quark kleine Kugeln drehen und auf einem Teller etwas antrocknen lassen.

3. In die Gläser etwa 2 cm Olivenöl gießen. Darauf etwas Tomaten, Knoblauch, Kräuter und ein paar Quarkbällchen geben. Mit Olivenöl aufgießen.

4. Nach und nach das Glas füllen und immer wieder mit Olivenöl auffüllen. So entstehen keine Lufteinschlüsse. Das Glas nicht zu voll machen. So viel Olivenöl aufgießen, dass alle Quarkbällchen bedeckt sind.

HOMEMADE
with love
Mit Liebe
SELBSTGEMACHT

„Ein beliebter Klassiker zu Pellkartoffeln, zum Grillen und zum Dippen für Gemüsestreifen."

KRÄUTERQUARK

ZUTATEN

250 g Quark

etwas Milch

Salz, Pfeffer aus der Mühle

ein bisschen Zitronensaft

1 Prise Zucker

1 Knoblauchzehe

1 kleine Zwiebel

frische Gartenkräuter: Schnittlauch, Petersilie, Dill, Schafgarbe, Kerbel, Rauke oder was gerade da ist.

1. Quark mit etwas Milch glatt rühren. Mit Salz, Pfeffer, Zitronensaft und Zucker abschmecken.

2. Zwiebel, Knoblauch und Kräuter klein schneiden und unter den Quark mischen. Noch mal abschmecken.

PISTAZIENKUGELN

„Raffiniertes Fingerfood – klein gehackte grüne Pistazienkerne in Verbindung mit Quark und Butter verwöhnen mit ihrem einzigartigen Geschmack."

ZUTATEN

300 g Quark

150 g weiche Butter

Salz

Pfeffer

etwas Zucker

Pistazien

1. Quark mit Butter verrühren. Mit Salz, Pfeffer und etwas Zucker abschmecken. Kleine Kugeln formen und auf einem Teller etwas antrocknen lassen.

2. In der Zwischenzeit die Pistazien klein hacken.

3. Die Kugeln in den klein gehackten Pistazien wälzen und kalt stellen.

MASCARPONE

„Der sahnige Frischkäse aus nur zwei Zutaten selbst gemacht. Wer hätte das gedacht, dass es so einfach ist, Mascarpone selbst zu machen? Aus dem sahnigen Frischkäse lassen sich köstliche Desserts und Kuchenfüllungen herstellen ohne großen Aufwand. Die abgetropfte Molke können Sie wie Sahne zu leckeren Saucen weiterverarbeiten. So geht nichts von der wertvollen Sahne verloren.“

ZUTATEN

2 Liter Sahne

30 ml frisch gepresster Zitronensaft

ZUBEHÖR

Die üblichen Gerätschaften, die für die Herstellung von Milchprodukten gebraucht werden. Topf, Schüssel, Teller, Käsetuch, Thermometer, Kochlöffel oder Schneebesen.

Das Käsetuch vorbereiten: Mit heißem Wasser übergießen, damit Bakterien abgetötet werden und die Fasern des Tuches aufquellen können.

1. Zitrone auspressen.

2. Die Sahne in einen Topf geben und unter Rühren langsam bis knapp unter den Siedepunkt erhitzen (90° C). Mit etwas Gefühl geht das auch ohne Thermometer.

3. Den Topf von der Herdplatte nehmen, den Zitronensaft zufügen und alles gut verrühren. Herd ausschalten. Den Topf auf die Platte zurückstellen und die Restwärme nutzen.

4. Das Ganze 10 Minuten rühren. Dabei sollte die Temperatur ziemlich gehalten werden. Evtl. noch einmal nachwärmen. Die Sahne wird nach und nach dicker.

5. Eine Schüssel mit dem Käsetuch auslegen.

6. Die Sahnemasse in die Schüssel mit dem Tuch gießen.

7. Mit einem ausreichend großen Teller die Schüssel zudecken.

8. Die Ecken des Käsetuches hochnehmen und den Teller damit einpacken.

9. Das Ganze auf Zimmertemperatur abkühlen lassen und über Nacht in den Kühlschrank stellen.

10. Am nächsten Tag das Ganze auspacken und den Teller entfernen. Der Mascarpone ist inzwischen eingedickt.

11. Das Käsetuch an den vier Ecken hochnehmen, Molke etwas ablaufen lassen.

Die Konsistenz Ihres selbst gemachten Mascarpones haben Sie selbst in der Hand. Je nachdem, für welches Rezept dieser gebraucht wird, variieren Sie mit der Abtropfzeit. Wünschen Sie einen cremigen Mascarpone, ist die Abtropfzeit nicht so lange wie für einen festen.

12. Die vier Ecken des Käsetuches miteinander verknoten und zum Abtropfen aufhängen.

Die Abtropfzeit liegt bei ca. 4 Stunden. Nach ein paar Stunden die Konsistenz prüfen. Je mehr Flüssigkeit abtropft, umso fester wird der Mascarpone.

Sollte Ihnen der Mascarpone einmal zu fest geworden sein, lässt sich das Ganze durch etwas Molke wieder cremig rühren. Ist er noch zu weich, einfach noch einige Zeit abtropfen lassen.
Der fertige Mascarpone kann süß oder herzhaft weiterverarbeitet werden. Auf den nächsten Seiten finden Sie einige Rezepte, die ich gerne mache. Die süßen Rezepte sind in sich wieder abwandelbar, mit entweder anderen Früchten oder anderen Keksen. Die Rezepte sollen nur als Anregung dienen. Kreieren Sie nach Ihrem Geschmack!

Da wir ohne Konservierungsstoffe arbeiten, beträgt die Haltbarkeit gekühlt im Kühlschrank eine knappe Woche. Dazu den Mascarpone in ein gut verschlossenes Gefäß geben.

ERDBEER-TIRAMISU

„Die fruchtige Abwandlung des beliebten Dessert-Klassikers „Tiramisu" aus Italien.
Mit frischen Erdbeeren aus dem Garten, oder saisonal und regional vom Markt. Erntefrische Erdbeeren besitzen das beste Aroma. Es ist einfach und schnell zubereitet. Schmeckt so richtig nach Sommer. In einer Form oder im Glas geschichtet, ein herrliches Dessert."

ZUTATEN

500 g Erdbeeren

200 g Amarettini

150 ml kalter Kaffee

500 g Mascarpone

250 g Quark

4–5 EL Orangensaft oder Orangenlikör

2 Eigelb

80 g Puderzucker oder selbst gemachter Vanillezucker (Seite 81)

2 Päckchen Vanillezucker

3 EL Zitronensaft

50 g Blockschokolade für Schokospäne

Minze zum Garnieren

1. Die Erdbeeren vorsichtig waschen. Abtropfen lassen und in Scheiben schneiden. Einige schöne für die Deko aufheben.

2. Erdbeeren in eine Schüssel geben, mit Orangensaft/Orangenlikör mischen und durchziehen lassen.

3. Eine Auflaufform mit den Amarettini auslegen.
Die Amarettini mit 100 ml vom kalten Kaffee beträufeln und durchziehen lassen.

4. Mascarpone, Quark, Puderzucker, Vanillezucker, Eigelb, Zitronensaft und den restlichen Kaffee glatt rühren.

5. Die Erdbeeren auf den Amartettini verteilen und mit der Mascarponecreme bestreichen.

6. Das Ganze ca. 2 Stunden im Kühlschrank durchziehen lassen.

7. Mit einem Sparschäler Schokospäne von der Blockschokolade raspeln und über die Mascarponecreme streuen.

8. Das Ganze mit den restlichen Erdbeeren und den Minzeblättern dekorieren.

Probieren Sie statt der Amarettini die klassischen Löffelbiskuits oder zerbröselte Haferkekse.
Die Erdbeeren lassen sich je nach Jahreszeit auch durch Johannisbeeren, Himbeeren oder Pfirsiche ersetzen. Ganz nach Ihrem Geschmack!

KLEINE FEINE TÖRTCHEN

„Erstklassig & super einfach"

ZUTATEN

400 g Mascarpone

1–2 EL Puderzucker

1 Spritzer Zitronensaft

etwas Lebkuchengewürz

6–8 kleine Törtchen, gekauft oder selbst gebacken

eine Handvoll Johannisbeeren

ein paar Kirschen

Blockschokolade

Zitronenmelisse

Tipp!

Statt der kleinen Törtchen können Sie auch einen großen Tortenboden damit belegen.

1. Obst waschen, Johannisbeeren von den Stielen befreien.

2. Mascarpone mit Puderzucker und Zitronensaft glatt rühren. Mit Lebkuchengewürz abschmecken.

3. Die kleinen Törtchen mit der Mascarponecreme bestreichen.

4. Die Johannisbeeren und die Kirschen darauf verteilen.

5. Blockschokolade darüber raspeln und mit Zitronenmelisse dekorieren.

6. Fertig!

MANGO-TRAUM

ZUTATEN

1 reife Mango

125 g Mascarpone

250 g Quark

3 EL. Zucker

100 g Cantuccini

geraspelte Blockschokolade

1. Die Mango schälen, am besten mit einem Sparschäler. Das Fruchtfleisch mit einem Messer vom Kern abschneiden und pürieren.

2. Die Cantuccini grob zerbröseln. Ein bisschen etwas von den Cantuccini aufheben.

3. Mascarpone mit Quark und Zucker mischen.

4. Alles abwechselnd in Gläser schichten. Angefangen mit Cantuccini, dann Mascarponecreme und Mangopüree.
So lange wiederholen bis alles weg ist.

5. Mit den restlichen Cantuccini und der geraspelten Blockschokolade dekorieren.

6. Wer Lust hat, steckt noch ein paar Blättchen Zitronenmelisse oder Minze dazu.

7. Die Gläser zwei bis drei Stunden im Kühlschrank kalt stellen.

MASCARPONECREME MIT FRISCHEN FRÜCHTEN

„Ein Dessert für jede Jahreszeit" 

ZUTATEN

250 g cremiger Mascarpone (wenn nötig, etwas Sahne dazugeben)

250 g gemischte frische Früchte nach Jahreszeit, das können Erdbeeren, Kirschen, Johannisbeeren oder Pfirsiche sein, ganz nach Ihrem Geschmack

Saft einer ½ Zitrone

80 g Puderzucker

etwas Lebkuchengewürz

Blockschokolade

Wer mag, verteilt noch ein paar kleine Amarettini auf den Früchten. Das peppt noch etwas auf.

1. Die Früchte waschen, abtropfen lassen und in Scheiben schneiden. Einige schöne für die Deko aufheben.

2. Mascarpone mit Zitronensaft, Puderzucker und Lebkuchengewürz glatt rühren.

3. Die Früchte auf kleine Teller verteilen.

4. Die Mascarponecreme in der Mitte verteilen.

5. Mit einem Sparschäler Schokospäne von der Blockschokolade raspeln und über die Mascarponecreme streuen.

HERZHAFTER THUNFISCHAUFSTRICH

ZUTATEN

250 g Mascarpone

1 Dose Thunfisch im eigenen Saft

1 Zwiebel

1 Knoblauchzehe

½ Apfel, gerieben

etwas Zitronensaft

etwas Lauchzwiebelgrün oder Schnittlauch

Salz

Pfeffer

1. Den Thunfisch abtropfen lassen und mit einer Gabel zerpflücken.

2. Zwiebel und Knoblauch klein schneiden. Mit dem Thunfisch vermischen. Mascarpone, Apfel und Zitronensaft dazugeben. Alles gut mischen und mit Salz und Pfeffer abschmecken.

3. Mit Lauchzwiebelgrün, getrockneten Tomaten oder Schnittlauch dekorieren.

Tipp! **Wer mag, kann noch in Öl eingelegte getrocknete Tomaten klein schneiden und dazugeben.**

MOZZARELLA

„Ein Sommer ohne Tomate-Mozzarella … undenkbar. Auf Pizza und Lasagne sorgt Mozzarella für den richtigen Gaumenschmaus. Mozzarella gehört zu den Frischkäsesorten und lässt sich in Salzlake gut eine Woche aufbewahren. Frische Milch, Zitronensaft, etwas Lab und Zeit, mehr braucht es nicht, um Mozzarella selbst zu machen.“

ZUTATEN

4 Liter pasteurisierte Frischmilch

120 ml Zitronensaft

500 ml Wasser

¼ Labtablette

für die Salzlake:

2 Liter Wasser

60 g Salz

ZUBEHÖR

1 Topf mit 2 Litern Wasser zum Mozzarellaziehen

Topf, Schüssel, Messbecher, Käsetuch, Thermometer, Kochlöffel, Schneidebrett, Messer, lebensmittelechte Einweghandschuhe

1. Die kalte Milch in den Topf gießen.

2. Zitronensaft mit Wasser mischen und unterrühren.

3. Die Milch langsam auf 32° C erhitzen.

4. Die Labtablette in etwas Wasser auflösen und in die Milch einrühren.

5. Die Milch mit einem Tuch abdecken und eine halbe Stunde ruhen lassen. Den Topf nicht mehr bewegen. In dieser Zeit bildet sich die Gallerte. Das heißt, die Milch wird fest.

6. Bruch prüfen und Probeschnitt machen. Wenn nötig, noch etwas Zeit dazugeben.

7. Bruch schneiden.

8. Den Käsebruch zum Entmolken ca. eine halbe Stunde langsam und vorsichtig rühren.

Dabei die Temperatur bei 32° C halten. Dazwischen immer wieder etwas setzen lassen.

9. Das Sieb, Schüssel und Käsetuch vorbereiten. Den Käsebruch in das Tuch gießen.

10. Das Tuch über den Käsebruch zusammenschlagen und das Ganze ca. eine halbe Stunde abtropfen lassen.
In der Zwischenzeit einen Topf mit 2 Litern Wasser füllen und auf 70° C erhitzen.
In einer Schüssel die Salzlake vorbereiten. Dazu 60 g Salz in 2 Litern Wasser auflösen.

11. Den Mozzarellabruch auf Festigkeit prüfen, evtl. noch etwas stehen lassen.

12. Mozzarellabruch aus dem Tuch nehmen.

13. Ein kleines Stückchen vom Mozzarellabruch abschneiden und in das heiße Wasser geben.

14. Etwa 1 Minute warten, bis das Käsestück warm ist, und auf Dehnbarkeit prüfen.

15. Den restlichen Mozzarellabruch in Stücke schneiden.

16. Die Bruchstücke nacheinander in das vorbereitete 70°C heiße Wasser geben.

17. Die Bruchstücke ca. 5 Minuten in dem heißen Wasser warm werden lassen.

18. Jetzt am besten Handschuhe anziehen. Achtung: heiß! Ein Stück nach dem anderen herausnehmen. Ziehen, kneten, zusammen-

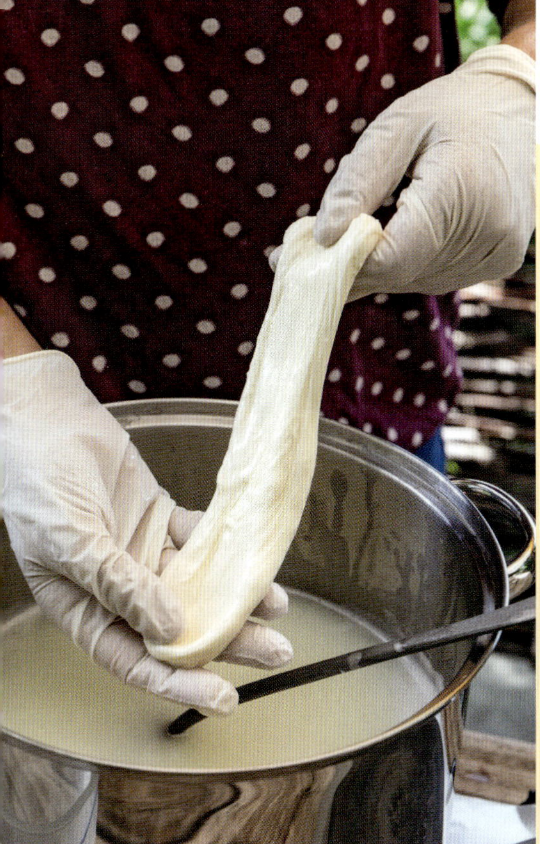

falten und immer wieder in das heiße Wasser tauchen, bis das Bruchstück seidig glänzend und geschmeidig ist.

19. Sobald er schön glatt ist, eine Kugel formen, noch einmal kurz in das heiße Wasser geben.

20. Die Mozzarellakugeln ca. eine halbe Stunde in das Salzwasser legen. Fertig!

„Ich liebe es: einfache Zutaten in köstliche Gerichte zu verwandeln. Pizzabrötchen kommen immer gut an, lassen sich gut vorbereiten, sind einfach lecker. Passen bei einem Filme-Abend mit Freunden, als Fan-Essen beim Fußballspielschauen oder als Mitbringsel zu Grillpartys.“

PIZZABRÖTCHEN

ZUTATEN

100 g Mozzarella
100 g Emmentaler
100 g Champignons
100 g gekochter Schinken
100 g Salami
1 Ecke Schmelzkäse
50 g Butter
½ Becher Sahne
½ rote und ½ grüne Paprikaschote
Salz
Pfeffer
Pizzagewürz
Tomatenketchup
1 Packung Aufbackbrötchen

1. Mozzarella, Emmentaler, Champignons, gekochter Schinken, Salami, Schmelzkäse, Butter und die beiden Paprika klein schneiden.

2. Alles in eine Schüssel geben und mit der Sahne vermischen.

3. Mit Salz, Pfeffer und Pizzagewürz herzhaft abschmecken.

4. Die Aufbackbrötchen halbieren und jede Seite mit Ketchup bestreichen.

5. Die Masse auf den Brötchen verteilen.

6. Backofen auf 200° C vorheizen.

7. Ein Backblech mit Backpapier auslegen und die Brötchen bei 200° C ca. 10 Minuten knusprig überbacken.

Wer eine Küchenmaschine besitzt, kann alle Zutaten zusammen in den Mixer geben und zerkleinern.

TOMATE-MOZZARELLA-TURM

„Einfach mal anders: Tomate-Mozzarella, ein Klassiker aus der italienischen Küche, aufgeschichtet zu einem Turm. Hierzu verwenden Sie große, dicke, knubbelige Fleischtomaten."

ZUTATEN

selbst gemachter Mozzarella, in Scheiben geschnitten

Fleischtomaten

Gemüsezwiebel

Tomate-Mozzarella-Knäckebrot

für jede Tomate ein großes Kapuzinerkresseblatt

Olivenöl

Salz

Pfeffer aus der Mühle

italienische Kräuter

frische Basilikumspitzen

1. Tomaten waschen. Damit sie besser stehen bleiben, unten eine Scheibe abschneiden. Die restliche Tomate in dicke Scheiben schneiden.

2. Die Gemüsezwiebel pellen und in Scheiben schneiden.

3. Eine Scheibe Mozzarella-Knäckebrot mit einem Blatt

Kapuzinerkresse belegen. Das Kapuzinerblatt verhindert das Durchweichen des Knäckebrotes.

4. Auf das Kapuzinerblatt die unterste Scheibe der Tomate legen. Darauf eine Scheibe Gemüsezwiebel und wieder eine Scheibe von der Tomate. Etwas Olivenöl in die Mitte jeder Tomatenscheibe träufeln und ein paar Kräuter drüberstreuen.

5. Als Nächstes eine Scheibe Mozzarella. Auf diese etwas frischen Pfeffer mahlen.

6. Abwechselnd die Tomatenscheiben und Mozzarella zu einem Turm schichten. Jede Schicht mit wenig Olivenöl beträufeln und Kräuter drüberstreuen.

7. Mit den Basilikumspitzen dekorieren. Fertig!

SCHNITTKÄSE

„Meine Meinung zu einem eigenen Schnittkäse: Lassen wir den Schweizern ihren Emmentaler und den Holländern ihren Gouda. Wir kreieren unseren eigenen Schnittkäse, der so zu unserem Hauskäse wird. Der so schmeckt, wie wir ihn gemacht haben. Mit eigener Starterkultur aus Milch-Kefir, Milch aus der Region und Gewürzen, die wir selbst ausgesucht haben. Das Besondere an einem eigenen Hauskäse ist sein unwiderstehlicher, einzigartiger Geschmack. Auch wenn alle das gleiche Rezept benutzen, wird das Endprodukt immer ein wenig anders ausfallen. Dies jedoch macht gerade den Reiz an Selbstgemachten aus … Er ist anders als der Einheitsbrei der Lebensmittelindustrie, der das ganze Jahr über gleich schmeckt. Trauen Sie es sich zu, einen Käse zu reifen und Ihren eigenen Hauskäse herzustellen? Das ist auch kein Wunder, denn: Käse selber machen, das macht nicht nur satt, sondern auch glücklich! “

Die Reifung ist ein wichtiger Teil bei der Herstellung von Schnittkäse. Bevor Sie anfangen zu käsen, suchen Sie sich einen geeigneten Platz, an dem der Käse für mindestens 4–6 Wochen ungestört reifen kann. Haben Sie diese Möglichkeit nicht, dann bleiben Sie bei den Frischkäsesorten.

ZUTATEN

15 Liter pasteurisierte Frischmilch

250 ml aktiver Kefir als Starterkultur

5 ml Lab

ZUBEHÖR

1 Einkochkessel mit Wasserbad oder ein großer Topf,
1 Thermometer,
1 Bruchmesser, 1 Schöpfkelle,
1 Abtropfgitter,
eine Abtropfmatte,
1 Käseform, 1 Reifebox

1. Wasserbad vorbereiten. Die Milch in den Käsekessel füllen und langsam unter ständigem Rühren auf 32°C erwärmen.

2. Den aktiven Kefir als Starterkultur dazugeben.

3. Alles gut verrühren, mit einem Tuch abdecken und eine Stunde warm halten.

4. Die Temperatur auf 32° C prüfen. Wenn nötig, etwas nachwärmen. Das Lab in etwas kaltem Wasser auflösen und zügig in die Milch einrühren.

5. Das Ganze abgedeckt ca. eine Stunde ruhen lassen. Den Topf nicht mehr bewegen! In dieser Zeit bildet sich die Gallerte. Das heißt, die Milch wird fest.

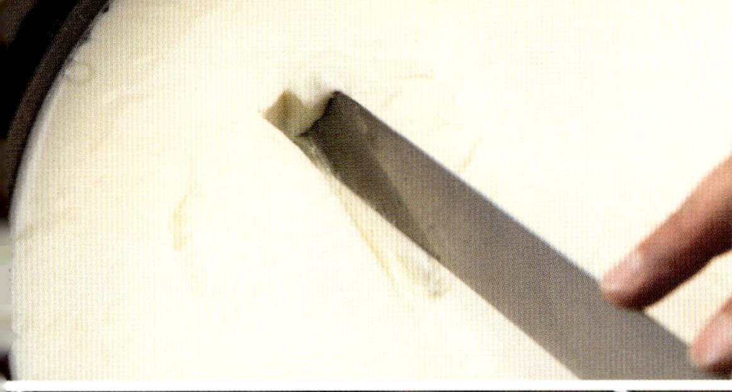

6. Nach 45 Minuten die Gallerte mit einem Probeschnitt prüfen. Mit einem Messer einen Schnitt in die Gallerte machen. Der Schnitt muss deutlich zu erkennen sein, die Schnittstelle darf nicht gleich wieder zusammenlaufen. Wenn nötig, noch etwas Zeit dazugeben. Noch mal prüfen.

7. Die Gallerte in 2 cm große Würfel schneiden. Erst längs, dann quer schneiden und verziehen. Aus der Gallerte wird der Käsebruch. Den Käsebruch vorsichtig rühren und immer wieder etwas setzen lassen.

8. Die Bruchkörner dabei klein schneiden. Dazwischen immer wieder etwas setzen lassen.

9. Die Bruchkörner mit einem Schneebesen verquirlen. Dabei die Temperatur auf 43° C erhöhen.

10. Das Ganze eine halbe Stunde bei 43° C rühren. Am besten mit den Händen, der Bruch darf sich nicht absetzen und verklumpen.

11. Die Bruchkörner ein paar Minuten absetzen lassen, dann den Großteil der Molke abschöpfen.
(Für die Salzlake nehmen Sie 4 Liter von der noch warmen Molke und rühren 1 kg Salz dazu. In der noch warmen Molke löst sich das Salz leichter auf.)

12. Den Käsebruch vorsichtig in die Formen füllen.

13. Den Pressdeckel auflegen, die Formen auf das Abtropfgitter stellen.

14. Gewichte auflegen.

15. Den Käse in der Form 4 Stunden lang alle halbe Stunde einmal wenden.

16. Die Käseformen mit einem Tuch abdecken und über Nacht bei einer Raumtemperatur von 18–20° C abtropfen lassen.

17. Am nächsten Tag den Käse aus der Form nehmen. Die Kanten, die vom Pressdeckel entstanden sind, abschneiden, um eine schöne Form zu erhalten. So vermeiden Sie auch ein unschönes Austrocknen des Randes. Das geht am besten mit einem Sparschäler.

18. Die Käse wiegen und in die Salzlake legen. Dauer: pro 500 g Käse ca. 2 Stunden in der Salzlake.

19. Den Käse zwei bis drei Tage bei Zimmertemperatur trocknen lassen. Dabei täglich mit etwas Salzlake abreiben und einmal wenden.

20. Die Reifebox vorbereiten, den Käse auf die Abtropfmatte legen und das Ganze bei 8° C bis 10° C und einer Luftfeuchtigkeit von ca. 90% aufstellen. Den Käse 4–6 Wochen reifen lassen, dabei alle zwei Tage wenden.

HAUSKÄSE

„Aus guter Milch, mit ganz viel Liebe gemacht!"

Das Wichtigste ist, ein Gespür für den Käse zu entwickeln. Das tägliche Beobachten während der Reifung ist gerade am Anfang sehr wichtig. Ist der Käse zu feucht, kann sich schnell Schimmel bilden. Ist er zu trocken, entstehen Risse.

Das heißt, die Reifebox immer im Auge behalten! Wasser, das sich an den Wänden der Reifebox bildet, abwischen. Ist der Käse zu trocken, etwas von der Salzlake auf den Boden schütten, um die Luftfeuchtigkeit zu erhöhen.

Eventuelle Schimmelbildung mit einem in Salzlake getauchten Käsetuch abwischen. Sehr sauber arbeiten.

Fangen Sie klein an … Ein Käse in Reifung reicht. Eine Steigerung nach oben ist immer möglich.

Nach 4–6 Wochen wird der Käse in Stücke geschnitten und vakuumiert. Das ist im Hausgebrauch die einfachste Möglichkeit der Lagerung von fertig gereiftem Käse. So sind die Käsestücke gut geschützt und können mehrere Monate im Kühlschrank aufbewahrt werden. Die Käsestücke mit Datum versehen, so behalten Sie den Überblick.

Eine weitere Pflege entfällt.

HAUSKÄSE MIT SCHABZIGERKLEE

ZUTATEN

15 Liter pasteurisierte Frischmilch

250 ml aktiver Kefir als Starterkultur

Schabzigerklee (Menge nach Geschmack)

5 ml Lab

ZUBEHÖR

1 Einkochkessel mit Wasserbad oder ein großer Topf,
1 Thermometer, 1 Bruchmesser,
1 Schöpfkelle, 1 Abtropfgitter,
eine Abtropfmatte,
1 Käseform, 1 Reifebox

„Schabzigerklee hat ein feines, mildes und doch würziges Aroma, das gut zu Käse passt. Probieren Sie es aus!“

1. Wasserbad vorbereiten. Die Milch in den Käsekessel füllen und langsam unter ständigem Rühren auf 32° C erwärmen.

2. Den aktiven Kefir als Starterkultur dazugeben.

3. Alles gut verrühren, mit einem Tuch abdecken und eine Stunde warm halten.

4. Die Temperatur auf 32° C prüfen. Wenn nötig, etwas nachwärmen. Das Lab in etwas kaltem Wasser auflösen und zügig in die Milch einrühren.

5. Das Ganze abgedeckt ca. eine Stunde ruhen lassen. Den Topf nicht mehr bewegen! In dieser Zeit bildet sich die Gallerte. Das heißt, die Milch wird fest.

6. Nach 45 Minuten die Gallerte mit einem Probeschnitt prüfen. Mit einem Messer einen Schnitt in die Gallerte machen. Der Schnitt muss deutlich zu erkennen sein, die Schnittstelle darf nicht gleich wieder zusammenlaufen. Wenn nötig, noch etwas Zeit dazugeben. Noch mal prüfen.

7. Die Gallerte in 2 cm große Würfel schneiden. Erst längs, dann quer schneiden und verziehen. Aus der Gallerte wird der Käsebruch. Den Käsebruch vorsichtig rühren und immer wieder etwas setzen lassen.

8. Die Bruchkörner dabei klein schneiden. Dazwischen immer wieder etwas setzen lassen.

9. Die Bruchkörner mit einem Schneebesen verquirlen. Dabei die Temperatur auf 43° C erhöhen.

10. Das Ganze eine halbe Stunde bei 43° C rühren. Am besten mit den Händen, der Bruch darf sich nicht absetzen und verklumpen.

11. Die Bruchkörner ein paar Minuten absetzen lassen, dann den Großteil der Molke abschöpfen.
(Für die Salzlake nehmen Sie 4 Liter von der noch warmen Molke und rühren 1 kg Salz dazu. In der noch warmen Molke löst sich das Salz leichter auf.)

12. Schabzigerklee unter die Bruchmasse mischen.

13. Den Käsebruch vorsichtig in die Formen füllen.

14. Den Pressdeckel auflegen, die Formen auf das Abtropfgitter stellen.

15. Gewichte auflegen.

16. Den Käse in der Form 4 Stunden lang alle halbe Stunde einmal wenden.

17. Die Käseformen mit einem Tuch abdecken und über Nacht bei einer Raumtemperatur von 18–20° C abtropfen lassen.

18. Am nächsten Tag den Käse aus der Form nehmen. Die Kanten, die vom Pressdeckel entstanden sind, abschneiden, um eine schöne Form zu erhalten. So vermeiden Sie auch ein unschönes Austrocknen des Randes. Das geht am besten mit einem Sparschäler.

19. Den Käse wiegen und in die Salzlake legen. Dauer: pro 500 g Käse ca. 2 Stunden in der Salzlake.

20. Den Käse zwei bis drei Tage bei Zimmertemperatur trocknen lassen. Dabei täglich mit etwas Salzlake abreiben und einmal wenden.

Den Käse hierzu fliegensicher aufstellen: Wir benutzen dafür einen kleinen Fliegenschrank in der Speisekammer. So sind die Käse gut geschützt vor Fliegen und anderen Tierchen.

21. Die Reifebox vorbereiten, den Käse auf die Abtropfmatte legen und das Ganze bei 8° C bis 10° C und einer Luftfeuchtigkeit von ca. 90 % aufstellen.

Den Käse 4–6 Wochen reifen lassen, dabei alle zwei Tage wenden.

Tipp! Nach dem Reifen den Käse in Stücke schneiden und vakuumieren. Durch das Vakuumieren entfällt eine weitere Pflege. Der Käse ist so verpackt im Kühlschrank lange haltbar.

CAMEMBERT

„Camembert gehört zu den Weichkäsesorten, die auf keiner Käseplatte fehlen dürfen. Er benötigt eine Reifezeit von ca. 4 Wochen. In dieser Zeit entwickelt er sein volles Aroma und seine cremig-weiche Konsistenz.“

ZUTATEN

5 Liter pasteurisierte Frischmilch

80 ml aktiver Kefir

1,6 ml Lab (1:15.000)

1 Msp. abgeschabte Weißschimmelkultur

Die Herstellung von Weißschimmelsporenwasser erfolgt wie auf Seite 131 beim Blauschimmelsporenwasser beschrieben. Oder Sie kaufen eine gefriergetrocknete Kultur –, Mengenberechnung nach Packungsanweisung.

Salz für die Oberflächenbehandlung

ZUBEHÖR

großer Topf – wenn möglich Topf-in-Topf mit Wasserbad
1 Thermometer
1 Bruchmesser

1 Abtropfgitter

1 Abtropfmatte

einige kleine Käseformen

1. Die Milch im Topf langsam unter ständigem Rühren auf 32° C erwärmen.

2. Den aktiven Kefir als Starterkultur dazugeben.

3. Das Weißschimmelsporenwasser oder die Weißschimmelkultur beigeben.
Alles gut verrühren, mit einem Tuch abdecken und eine Stunde warm halten.

4. Das Lab in 60 ml Wasser auflösen. Die Einlabtemperatur auf 32° C prüfen. Wenn nötig, etwas nachwärmen. Das Lab zügig einrühren und das Ganze abgedeckt eine Stunde ruhen lassen.

5. Nach 1 Stunde die Gallerte prüfen. Sie sollte sich stichfest anfühlen. Einen Probeschnitt machen. Wenn nötig, noch etwas Zeit dazugeben.

6. Die Gallerte langsam in 2 cm große Stücke schneiden.

7. Die Bruchkörner ein paar Minuten absetzen lassen. Molke abschöpfen, 1 Liter davon aufheben für die Salzlake.

8. Das Abtropfgitter mit der Abtropfmatte und die Käseformen bereitstellen.

9. Den Käsebruch vorsichtig in die Formen füllen. Der Bruch wird nicht gepresst. Die Formen auf das Abtropfgitter stellen.

10. Die Käseformen mit einem Tuch abdecken und über Nacht bei einer Raumtemperatur von 18–20° C abtropfen lassen. Nach ein bis zwei Stunden die Formen einmal umdrehen. Nach weiteren zwei Stunden wieder zurückdrehen. So bekommt der Käse eine schöne Form und kann gleichmäßig entmolken.

Aus 1 Liter Molke eine Salzlake herstellen. In die noch warme Molke 250 g Salz einrühren, das Ganze gut verrühren, bis sich

das meiste Salz aufgelöst hat. Die Salzlake im Kühlschrank lagern (in einem verschlossenen Gefäß).

11. Am nächsten Tag den Käse aus der Form nehmen.
Nun folgt das Salzen. Für die Oberflächensalzung berechnen Sie die Salzmenge nach dem Käsegewicht. Das heißt: Sie wiegen jeden Käse einzeln ab und berechnen die Salzmenge. Als Richtwert gilt: 2% vom Käsegewicht werden an Salz benötigt. Das sind bei 1 kg Käse 20 g Salz. Den Käse damit rundherum einreiben. Durch das Salzen wird dem Käse noch mehr Flüssigkeit entzogen und unerwünschtes Pilzwachstum unterdrückt.

12. Den Käse ein bis zwei Tage bei Zimmertemperatur trocknen lassen. Dabei täglich einmal wenden. Sobald die Käse-Oberflächen trocken sind, kommen sie in die Reifebox.

13. Die Reifebox vorbereiten, den Käse auf die Abtropfmatte legen und in einem kühlen Raum bei 10–14° C reifen lassen. Wasser, das sich an den Wänden und am Deckel der Reifebox bildet, abwischen.

14. In der ersten Woche den Käse alle zwei Tage mit einen in Salzlake getauchten Lappen vorsichtig abwischen.

15. Später den Käse zweimal die Woche kontrollieren und dabei einmal umdrehen. Nach ca. 10 Tagen ist die erste Schimmelbildung sichtbar.

16. Nach ca. drei Wochen ist die Schimmelbildung abgeschlossen. Der Käse wird in Käsepapier gewickelt und kann im Kühlschrank noch ca. zwei Wochen weiterreifen.
Die Zeiten für Schimmelbildung und Reifung sind immer nur ungefähre Angaben. Jeder Käse ist anders und entwickelt sich anders.
Beobachten Sie Ihren Käse und entscheiden Sie nach Gefühl!

OBAZDA

„Ein Obazda oder ein Gerupfter, wie er bei mir zu Hause in Franken genannt wird, ist eine Käsespezialität, die aus Bayern nicht wegzudenken ist. Schnell und einfach gemacht! Ein Obazda mit Breze wird gerne als Brotzeit serviert oder als abendliches Häppchen im Biergarten.“

ZUTATEN

400 g weicher reifer Camembert

150 g weiche Butter

150 g Frischkäse

1 Bund Schnittlauch

1 kleine rote Zwiebel

Kümmel

Salz

Pfeffer

Paprika edelsüß

1 Schluck Bier

Camembert, Butter und Frischkäse rechtzeitig aus dem Kühlschrank nehmen. Haben die Zutaten Zimmertemperatur, geht das Zerdrücken leichter.

1. Den Camembert in kleine Würfel schneiden. Die Zwiebel in feine kleine Stückchen schneiden. Schnittlauch in Röllchen schneiden und den Kümmel im Mörser etwas zerstoßen.

2. In einer großen Schüssel den Camembert mit der Butter und dem Frischkäse verrühren.

3. Die Zwiebelstückchen und die Schnittlauchröllchen untermengen. Einen Schluck Bier zum Verfeinern dazugeben.

4. Mit Salz, Pfeffer, Paprika und Kümmel abschmecken und mit Hilfe einer Gabel alles zerdrücken und zerrupfen.

Dazu schmeckt eine Breze und frisch gezapftes Bier. Wohl bekomm's!

Tipp!

In Franken wird gerne ein Stück Limburger dazu genommen. Das macht das Ganze herzhafter.

GEFÜLLTER CAMEMBERT MIT SCHWARZEN NÜSSEN

„Schwarze Nüsse in Verbindung mit Mascarpone und Camembert, ein unglaublicher Genuss. Hierzu können Sie einen selbst hergestellten Camembert verwenden oder, wenn es schnell gehen soll, einen gekauften."

1. Mascarpone in eine kleine Schüssel geben. Die Hälfte von der schwarzen Nuss drüber hobeln. Zitronensaft und Puderzucker dazugeben und alles gut verrühren. Mit frisch gemahlenem Pfeffer abschmecken.

2. Den Camembert vorsichtig waagerecht in der Mitte durchschneiden.

3. Die untere Hälfte mit der Mascarponecreme bestreichen.

4. Die restliche halbe schwarze Nuss in Scheiben schneiden und auf der Mascarponecreme verteilen.

5. Die obere Camemberthälfte auflegen.

6. Das Ganze festdrücken und den Rand schön verstreichen.

7. Den Camembert einige Zeit in den Kühlschrank stellen und durchziehen lassen.

8. Fertig zum Genießen! Dazu schmeckt ein gutes kräftiges Bauernbrot.

ZUTATEN

1 reifer großer Camembert (400 g)

gute 100 g Mascarpone

1 TL Puderzucker

etwas Zitronensaft

1 schwarze Nuss (Seite 158)

Pfeffer

BLAUSCHIMMELKÄSE

„Glauben Sie nicht, dass Sie mit dem Selbstmachen von Käse anfangen und gleich einen wunderbaren Blauschimmelkäse hinbekommen. Da heißt es: üben, üben und nochmals üben. Wenn Sie es jedoch geschafft haben – und Sie werden es schaffen, das weiß ich –, seien Sie stolz auf Ihre Fähigkeiten und Ihre fertigen Produkte. Blauschimmelkäse ist mit etwas mehr Aufwand und Pflege verbunden. Die Reifezeit beträgt mehrere Monate. Der Geschmack allerdings übertrifft gekauften Käse bei Weitem.“

Für meinen Blauschimmelkäse nehme ich etwas Blauschimmel von einem vorhandenen selbst gemachten Blauschimmelkäse ab und bereite damit Blauschimmelwasser für den nächsten zu.

Für die Herstellung von Blauschimmelkäse benötigen Sie die Edelschimmelkultur „Penicilium roqueforti“, die für die blauen Adern zuständig ist.

Diese Schimmelkultur bekommen Sie als Käsekultur im Fachhandel für Käsereibedarf. Kulturen sind relativ teuer und werden, wenn Sie nicht regelmäßig Käse selber machen, meist nicht bis zum MHD aufgebraucht.

Eine einfache und günstigere Variante ist, sich ein Stück Blauschimmelkäse zu kaufen. Von diesem Stück Käse nehmen Sie ein Blauschimmel-Auge ab und stellen daraus eine kleine Menge Blauschimmelwasser her. Dieses Wasser fügen Sie dann der Milch zu. Die Beschreibung für die Herstellung

von Blauschimmelwasser finden Sie auf Seite 131.

Das restliche Stück Käse lassen Sie sich mit einer guten Scheibe Brot schmecken.

Die beiden bekanntesten Sorten unter den Blauschimmelkäsearten sind der aus Frankreich stammende Roquefort mit seinen grün-blauen Adern und der Italienische Gorgonzola. Im Gegensatz zum Französischen Roqufort der aus Schafmilch hergestellt wird, besteht sein italienischer Verwandter aus Kuhmilch.

BLAUSCHIMMELKÄSE

ZUTATEN

15 Liter pasteurisierte Milch

½ TL Blauschimmel für Blauschimmelwasser wie auf Seite 131 beschrieben – vorbereiten

oder „Penicilium roqueforti" Kultur nach Herstellerangabe

250 ml aktiver Kefir als Starterkultur

5 ml Lab

ZUBEHÖR

1 Einkochkessel mit Wasserbad oder ein großer Topf,
1 Thermometer, 1 Bruchmesser,
1 Schöpfkelle, 1 Abtropfgitter,
eine Abtropfmatte,
3 runde 800-g-Käseformen,
1 Reifebox

1. Die Milch im Käsekessel langsam unter ständigem Rühren auf 32° C erwärmen.

2. Den aktiven Kefir als Starterkultur dazugeben.

3. Das vorbereitete Blauschimmel-Sporenwasser durch ein

Sieb in die Milch gießen. Im Sieb zurückgebliebene Stückchen können entsorgt werden.

4. Alles gut verrühren, mit einem Tuch abdecken und eine Stunde bebrüten lassen.

5. Das Lab in 60 ml Wasser auflösen. Die Einlabtemperatur auf 32° C prüfen. Wenn nötig, etwas nachwärmen.

6. Das Lab zügig einrühren und das Ganze abgedeckt eine Stunde ruhen lassen.

7. Nach 1 Stunde den Bruch prüfen. Wenn nötig, noch etwas Zeit dazugeben.

8. Den Bruch in 2 cm große Würfel schneiden. Den Käsebruch mindestens eine halbe Stunde langsam und vorsichtig rühren. Dazwischen immer wieder etwas setzen lassen, bis die Bruchkörner eine feste Beschaffenheit zeigen.

9. Die Bruchkörner ein paar Minuten absetzen lassen. Molke abschöpfen. Das Abtropfgitter mit der Abtropfmatte bereitstellen.

10. Den Käsebruch vorsichtig in die Formen füllen. Den Pressdeckel auflegen. Die Formen auf das Abtropfgitter stellen. Den Käse in der Form 4 Stunden lang alle halbe Stunde einmal wenden.

11. Die Käseformen mit einem Tuch abdecken und über Nacht bei einer Raumtemperatur von 18–20° C abtropfen lassen.

Erfolgs-Zitat

„Sie können alles tun, weil Sie denken, dass Sie es können."

von Vergil

Info: Mein Blauschimmelkäse reift in lebensmittelechten Transportboxen. In einem extra Kühlschrank. Wenn ich es nach ca. drei Monaten nicht mehr aushalte, wird der erste angeschnitten, die anderen dürfen weiter reifen.

12. Am nächsten Tag den Käse aus der Form nehmen und rundherum mit Salz einreiben. Überschüssiges Salz abklopfen.

13. Den Käse zwei bis drei Tage bei Zimmertemperatur trocknen lassen. Dabei täglich mit etwas Salz einreiben und einmal wenden.

14. Die Reifebox vorbereiten, den Käse auf die Abtropfmatte legen und das Ganze bei 8°C bis 10°C und einer Luftfeuchtigkeit von ca. 90% aufstellen. Den Käse alle zwei Tage wenden.

15. Nach gut einer Woche den Käse durchlöchern. Dazu eignet sich ein Grillspieß aus Metall oder ein Schaschlikspieß. Den Käse rundherum alle ca. 3 cm durchbohren. Durch diese Löcher kommt Luft ins Innere, die der Edelschimmel braucht, um die blauen Adern ausbilden zu können.

16. Nach etwa 10 Tagen ist die erste Außenschimmelbildung sichtbar. Der Rand färbt sich langsam bläulich.

17. Der Käse darf nun drei Monate reifen. Bildet sich in dieser Zeit viel Außenschimmel, diesen mit einem sauberen in Salzlake getauchten Tuch etwas abwischen. Dabei die Löcher nicht verstopfen.

18. Während der Reifezeit einmal in der Woche wenden. Dabei sehen Sie die Veränderung, die der Käse durchläuft.

19. Nach ca. 3 Monaten ist der Käse fertig zum Verzehr.

20. Schneiden Sie einen an und probieren Sie.

21. Den anderen fertigen Käse wickeln Sie gut in Käsepapier oder Alufolie ein und lassen ihn im Kühlschrank weiter reifen. Bis zu 12 Monate.
Der Geschmack wird mit der Zeit immer würziger.

BLAUSCHIMMEL-SPORENWASSER

„Um Blauschimmelkäse herzustellen, ist es nicht zwingend notwendig, gefriergetrocknete „Penicilium roqueforti"-Kulturen zu kaufen. Wer nur hin und wieder einen Blauschimmelkäse macht, kommt mit einem Stück guten Blauschimmelkäses aus der Käsetheke besser weg."

ZUTATEN:

1 kleines Stück Blauschimmelkäse

1. Mit einem Messer nehmen Sie vorsichtig ein Blauschimmel-Auge ab.

2. Das Stück Blauschimmel in eine kleine Schüssel mit etwas Wasser geben und mit einem Schneebesen gut verrühren. Das Ganze eine halbe Stunde stehen lassen.

3. Das Blauschimmel-Sporenwasser über ein Sieb in eine zweite kleine Schüssel gießen.

4. Die Reste im Sieb können entsorgt werden.

5. Dieses Sporenwasser geben Sie der Milch zu bei der Herstellung von Blauschimmelkäse.

BLAUSCHIMMEL IN DER REIFUNG

Die Reifebox bei 8°C bis 10°C und einer Luftfeuchtigkeit von ca. 90% aufstellen.

Nach gut einer Woche den Käse durchlöchern. Dazu eignet sich ein Grillspieß aus Metall oder ein Schaschlikspieß. Den Käse rundherum alle 3 cm durchbohren.

Durch diese Löcher kommt Luft ins Innere, die der Edelschimmel braucht, um die blauen Adern ausbilden zu können.

Nach etwa 10 Tagen ist der erste Außenschimmel sichtbar. Wasser, das sich an den Wänden und am Deckel der Reifebox sammelt, abwischen.

Der Käse darf nun 3 Monate reifen. Einmal in der Woche wenden.

Bildet sich in dieser Zeit viel Außenschimmel, diesen mit einem sauberen in Salzlake getauchten Tuch etwas abwischen. Dabei die Löcher nicht verstopfen.

„Ist alles gut gegangen, sieht der Käse jetzt so aus.“

BUTTER SELBER MACHEN

„Für den Hausgebrauch ist fertig gekaufte Sahne die einfachste und schnellste Möglichkeit, Butter selbst zu machen. Vielleicht ist es Ihnen auch schon einmal passiert, dass beim Sahneschlagen für den Sonntagskuchen am Ende Butter rausgekommen ist. Kurz nicht auf-gepasst und aus Sahne wird Butter."

Tipp!

Aus Sahne wird Süßrahmbutter. Wer gerne Sauerrahmbutter mag, gibt zu der Sahne ein bis zwei Löffel Sauerrahm hinzu. Die Weiterverarbeitung ist die gleiche.

Tipp!

Fragen Sie bei Freunden oder Bekannten, die das Buttern noch aus ihrer Kindheit kennen, nach einem Butterglas oder Buttermodel.
In vielen Dachböden schlummern solche Schätze, die Ihnen noch immer gute Dienste leisten können.
Meist bekommen Sie auch noch eine Geschichte von früher dazu. Auch auf Flohmärkten werden Dinge aus früheren Zeiten gerne angeboten, und Sie können fündig werden.

BUTTER AUS DEM BUTTERGLAS/KURBELGLAS

„Wie in alten Zeiten … mein Butterglas ist ein Weihnachtsgeschenk meiner lieben Freundin Christl. Mit diesem Butterglas hatte sie selbst viele Jahre gebuttert. Danach stand es jahrelang als Deko im Haus. Nun in meinem Besitz erwacht es wieder zum Leben."

ZUTATEN

1500 ml Sahne

1 Schüssel mit kaltem Wasser

Ergibt ca. 250 ml Buttermilch und ca. 130 g Butter

1. Die Sahne in das Butterglas füllen und fest verschließen.

2. Das Glas gut festhalten und kurbeln, bis sich die Fettkügelchen von der Flüssigkeit trennen und ein Butterklumpen entsteht.

3. Die Buttermilch abgießen und am besten gleich trinken.

4. Mit der gleichen Menge kaltem Wasser auffüllen und erneut kurbeln. Das Ziel ist, die restliche Buttermilch herauszuwaschen. Diesen Vorgang evtl. noch einmal wiederholen, bis das Wasser klar wird.

5. Die Butter herausnehmen, gut durchkneten, um restliches Wasser herausdrücken und in die Schüssel mit dem kalten Wasser geben. Etwas ruhen lassen!

6. Die Butter ist verzehrfertig oder bereit zur Weiterverarbeitung.

SCHRAUBDECKELGLAS-BUTTER

„Durch Schütteln des Glases entsteht Butter. Beim Kauf eines Schraubdeckelglases darauf achten, dass der Deckel für ölhaltige Füllgüter geeignet ist. Das sind meist weiße Deckel. Sonst kann es passieren, dass die Sahne beim Schütteln herausläuft. Gläser mit einer breiten Öffnung erleichtern das Herausnehmen der Butter. Bei der Größe haben sich 750-ml-Gläser gut bewährt, diese liegen gut in der Hand und es kommt ein schönes Stück Butter heraus.“

ZUTATEN

750-ml-Schraubdeckelglas

2 Becher Sahne (400 ml)

1 Schüssel mit kaltem Wasser

Ergibt ca. 250 ml Buttermilch und ca. 130 g Butter

1. Die Sahne in ein sauberes Schraubdeckelglas füllen und fest verschließen.

2. Nun geht es ans Schütteln, Schütteln, Schütteln ... immer schön auf und ab mit Schwung. Das kann bis zu 15 Minuten dauern, bis sich die Fettkügelchen von der Flüssigkeit trennen und ein Butterklumpen entsteht.

3. Die Buttermilch abgießen und am besten gleich trinken.

4. Das Glas bis zur Hälfte mit kaltem Wasser auffüllen und erneut schütteln. Das Ziel ist, die restliche Buttermilch herauszuwaschen. Diesen Vorgang evtl. noch einmal wiederholen, bis das Wasser klar wird. Je mehr Buttermilch herausgewaschen wird, umso haltbarer wird die Butter.

Tipp!

Die Buttermilch nicht wegschütten! In ein Glas füllen und gleich trinken. In ihr stecken viele Mineralstoffe und Vitamine. Schmeckt gut und ist gesund!

5. Die Butter gut durchkneten, restliches Wasser herausdrücken und in die Schüssel mit dem kalten Wasser geben. Etwas ruhen lassen!

6. Die Butter ist verzehrfertig oder bereit zur Weiterverarbeitung.

BUTTER AUS DEM THERMOMIX

(MULTIFUNKTIONS-KÜCHENMASCHINE)

ZUTATEN

600 ml Sahne

1 Schüssel mit kaltem Wasser

1. Die Sahne in den Mixtopf geben und 10 Minuten auf Stufe 4–5 rühren.

2. Den Mixtopf aus dem Thermomix nehmen und die Buttermilch abgießen, zwei Messbecher kaltes Wasser dazugeben.

3. Den Mixtopf wieder einsetzen und 1 Minute auf Stufe 4–5 rühren.

4. Die Butter aus dem Mixtopf nehmen, gut durchkneten, restliches Wasser herausdrücken. Formen und in die Schüssel mit dem kalten Wasser geben. Etwas ruhen lassen!

5. Die Butter ist verzehrfertig oder bereit zur Weiterverarbeitung.

FRISCHE BUTTERMILCH

„Das Nebenprodukt bei der Butterherstellung ist ein herrlich erfrischendes Getränk, das an Sommer, Kühe und Berge erinnert. Buttermilch ist die Flüssigkeit, die bei der Butterherstellung übrig bleibt. Reich an Eiweiß und wertvollen Mineralstoffen wie Kalium, Kalzium, Magnesium und Eisen ist sie ein gesunder Genuss. Lecker und cremig im Geschmack! Buttermilch kann auch als Sahneersatz in der Küche verwendet werden. Auch lecker: Mit Früchten oder Kräutern gemixt als Smoothie.“

Ein gesunder Genuss, herrlich cremig und lecker im Geschmack! Das Gleiche trifft auch auf die Molke zu, die beim Käsemachen übrig bleibt. Probieren Sie es aus!
Rechts im Bild sehen Sie Buttermilch: Die Farbe ist fast weiß, links im Bild sehen Sie Molke: Die Farbe ist grünlich-gelb.

Stellen Sie Ihre Lieblings-Fruchtbuttermilch doch einfach selbst her. Das ist ganz einfach: Obst klein schneiden und mit der frischen Buttermilch in den Mixer geben und cremig rühren.

ROSENBLÜTENBUTTER-ROLLE

„Die Rosenblütenblätter für unsere Butterrolle stammen alle aus unserem Garten. Wer diese Möglichkeit nicht hat, im eigenen Garten zu ernten, nimmt Wildrosen (Hagebutten) aus der Natur oder ungespritzte von Freunden. Am besten von einer kleinen Lichtung im Wald, um sicher zu gehen, dass kein Spritzmittel auf den Blüten ist. Nur Blütenblätter von frisch aufgeblühten, sauberen und trockenen Blüten sammeln.“

ZUTATEN

zimmerwarme Butter

Salz

frische oder getrocknete Rosenblüten

1. Die Butter leicht salzen (nach Geschmack) und zwischen Frischhaltefolie ca. 1 cm dick ausrollen.

2. Mit einem Streifen Rosenblüten belegen.

3. Mit Hilfe der Frischhaltefolie zu einer Rolle formen und ca. eine halbe Stunde kalt stellen.

4. Mit einem scharfen Messer schräg in Scheiben schneiden.

Tipp!

Ich mache gleich etwas mehr von jeder Sorte und friere die verschiedenen Buttervarianten ein. Dazu schneide ich die Butter in schräge Scheiben, damit die Butterstücke gut zur Geltung kommen, und friere die Scheiben erst mal einzeln ein. Sobald diese gefroren sind, kommt jede Variante in eine extra Box. Die fertige Butter ist bei Bedarf schnell aufgetaut.

„Schnittlauch verfeinert Butter, Käse und Quark. Hat wenig Ansprüche und kann leicht auf der Fensterbank gezogen werden. Als Topfpflanze ist er ganzjährig im Handel zu erhalten. Im Garten ausgepflanzt kommt er Jahr für Jahr wieder und wir kommen ab Mitte März in den Genuss von frischem Grün. Sobald sich die rosa bis lilafarbenen Blüten zeigen, können auch diese mit verwendet werden.“

SCHNITTLAUCHBUTTER-ROLLE

ZUTATEN

zimmerwarme Butter

Salz

frischer Schnittlauch

1. Die Butter leicht salzen (nach Geschmack) und zwischen Frischhaltefolie ca. 1 cm dick ausrollen.

2. Mit einem Streifen fein geschnittenen Schnittlauchs belegen.

3. Mit Hilfe der Frischhaltefolie zu einer Rolle formen und ca. eine halbe Stunde kalt stellen.

4. Mit einem scharfen Messer schräg in Scheiben schneiden.

WALNUSSBUTTER

„Walnussbutter schmeckt aufs Brot, zu Gemüse, Nudeln oder Knödeln."

ZUTATEN

250 g zimmerwarme Butter
120 g Walnüsse
1–2 Schalotten
1–2 Knoblauchzehen
1 EL Ahornsirup
etwas frischer Thymian
etwas Zitronenabrieb
Salz/Pfeffer

1. Die Walnüsse in einer Pfanne bei mittlerer Hitze rösten, bis sie duften. Ohne Fett, das natürliche Fett in den Walnüssen reicht für den Röstvorgang aus. Dabei bleiben und umrühren, damit die Walnüsse nicht anbrennen. Das Ganze mit dem Ahornsirup vermischen und abkühlen lassen.

2. Schalotten klein schneiden, Knoblauchzehen hacken. In etwas Butter glasig dünsten und abkühlen lassen.

3. Die Walnüsse und die Zwiebel-Knoblauch-Mischung zu der Butter geben und mit Hilfe einer Gabel gut verrühren.

4. Zitronenabrieb und ein paar Thymianblätter dazugeben. Mit Salz und Pfeffer abschmecken.

„Für Feinschmecker – passend zur Grillsaison."

ROTWEINBUTTER

ZUTATEN

250 g zimmerwarme Butter

4 Schalotten

1 Knoblauchzehe

2 TL Ahornsirup oder Honig

200 ml Rotwein

4 Pimentkörner

2 TL Balsamico-Creme

Salz/Pfeffer

1. Schalotten klein schneiden, Knoblauchzehen hacken. Beides in einer kleinen Pfanne mit etwas Butter glasig dünsten.

2. Den Ahornsirup dazugeben und das Ganze mit dem Rotwein ablöschen.

3. Die Pimentkörner im Mörser zerstoßen und dazugeben.

3. Das Ganze so lange vor sich hinköcheln lassen, bis die Flüssigkeit verdampft ist. Die Pfanne vom Herd nehmen und das Ganze abkühlen lassen.

4. Das Ganze mit der Butter vermischen. Mit Balsamico, Salz und Pfeffer abschmecken.

ORANGENBUTTER

ZUTATEN

250 g zimmerwarme Butter

3 TL Bio-Orangenabrieb

1–2 EL frisch gepresster Bio-Orangensaft

1 TL Ahornsirup oder Honig

frische Pfefferminzblätter, klein geschnitten

Salz

1. Den Orangenabrieb, Ahornsirup und die klein geschnittenen Pfefferminzblätter zu der zimmerwarmen Butter geben. Mit Hilfe einer Gabel verrühren.

2. Nach und nach den Orangensaft dazugeben. So viel, wie die Butter aufnimmt. Alles gut verrühren.

3. Mit Salz abschmecken.

„Schmeckt als fruchtige Grillbutter im Sommer zu Gemüse, Fisch und Fleisch. Oder auf ein herbstliches Butterbrot mit ein paar Nüssen garniert.“

Tipp!

Wer mag, kann noch ein paar grüne Pfefferkörner untermischen.

BUTTERMODEL RICHTIG BENUTZEN

Wichtig: Die Buttermodeln aus Holz eine halbe Stunde vor Gebrauch in kaltes Wasser legen. Das bewirkt, dass sich das Holz vollsaugt und nachher die Butter leicht herauskommt. Ist das Buttermodel nicht ausreichend gewässert, saugt das Holz die Feuchtigkeit aus der Butter. Die Butter bleibt im Model hängen.

„Mit Buttermodeln können Sie Ihre selbst gemachte Butter so richtig schön in Form bringen und ein wenig angeben, wenn Besuch kommt. Buttermodeln gibt es in den verschiedensten Formen und Motiven. Von kleinen 20-g-Einzelportionen bis zum großen 500-g-Stück. Die Auswahl der Motive ist groß. Wo früher religiöse Motive eine große Rolle spielten, sind es heute eher Blumen und Tiere. Viele Höfe und Almen hatten in früheren Zeiten ihre eigenen reichhaltig verzierten Buttermodeln. Kunstvoll geschnitzt oder mit dem Namen des Hofes versehen wusste jeder, welche Bäuerin die Butter gemacht hat. Schade eigentlich, dass dies so in Vergessenheit geraten ist und im Supermarkt zum billigsten und immer gleich aussehenden Stück gegriffen wird. Einige Bäuerinnen gibt es noch, die Wert darauf legen, ihre eigene Butter zu machen. Gehen Sie auf die Suche, bestimmt gibt es auch in Ihrer Nähe einen Hof, auf dem noch gebuttert wird.“

Kaufen Sie dort gleich eine größere Menge Butter und verarbeiten Sie diese zu Hause mit ein paar Buttermodeln weiter. Das macht auch Kindern Spaß! Butter lässt sich gut einfrieren und ist schnell aufgetaut. So ist ein passendes Stück schnell zur Hand.

BUTTERMODEL

1. Buttermodel eine halbe Stunde in kaltes Wasser legen.

2. Frische selbst gemachte Butter in einer Schüssel mit kaltem Wasser bereitstellen.

3. Passendes Model aussuchen.

4. Ein Stück von der Butter aus dem Wasser herausnehmen und mit den Fingern die Vertiefungen ausfüllen.

5. Zügig die ganze Form ausfüllen, damit die Butter nicht zu weich wird.

6. Die Butter glatt streichen. In der Mitte darf eine leichte Erhöhung sein, das erleichtert das Herausstürzen.

7. Vorsichtig die vier Kanten auf den Tisch klopfen, damit sich die Butter vom Rand löst.

8. Das Buttermodel auf ein Holzbrett stürzen. Fertig!

Tipp!

Stürzen Sie das Buttermodel auf ein Stück Pergamentpapier, so können Sie die Butter leichter nehmen und in den Kühlschrank stellen.

DOPPELTE BUTTERMODELN

„Zu Festlichkeiten wie Ostern sind doppelte Buttermodeln sehr schön. Doppelte Buttermodeln gibt es in Form von Hahn, Hase oder Lamm. Sie sind etwas kniffeliger! Mit ein wenig Übung gelingen auch diese. Die Butter darf, wie bei den anderen auch, nicht zu weich sein."

1. Beide Teile des Buttermodels eine halbe Stunde in kaltes Wasser legen.

2. Frische selbst gemachte Butter in einer Schüssel mit kaltem Wasser bereitstellen.

3. Ein Stück von der Butter aus dem Wasser herausnehmen und mit den Fingern die Vertiefungen ausfüllen.

4. Zügig beide Formen ausfüllen und zusammenstecken.

5. Die Butter am Boden glatt streichen. In der Mitte darf eine leichte Erhöhung sein, das sorgt für einen besseren Stand.

5. Das Ganze vorsichtig auf den Tisch klopfen, damit sich die Butter vom Rand löst.

6. Das Buttermodel langsam öffnen und aufpassen, dass die feinen Teile nicht abbrechen. Die Ohren vom Lamm sind da gefährlich. Die Kanten mit einem Messer noch etwas verstreichen.

7. Fertig ist das Osterlamm.

DURCHSTOSSFORMEN

„Mit ihnen lassen sich kleine Portionsstücke herstellen."

1. Buttermodel eine halbe Stunde in kaltes Wasser legen.

2. Frische selbst gemachte Butter in einer Schüssel mit kaltem Wasser bereitstellen.

3. Ein Stück von der Butter aus dem Wasser herausnehmen und mit den Fingern die Vertiefungen ausfüllen.

4. Zügig die ganze Form ausfüllen, damit die Butter nicht zu weich wird.

5. Die Butter glatt streichen.

6. Mit Hilfe des Holzstabes die Butter im Model einmal drehen. Das löst die Butter vom Rand.

7. Den Stab durchdrücken und die Butter herausdrücken. Mit einem Messer vorsichtig ablösen.

„Silikon-Formen lassen sich gut umfunktionieren als Buttermodel. So entstehen nicht nur schöne Backwaren wie Muffins, sondern auch ansprechende Butterstücke."

SILIKON-FORMEN

1. Die Form kurz in kaltes Wasser tauchen.

2. Frische selbst gemachte Butter in einer Schüssel mit kaltem Wasser bereitstellen.

3. Ein Stück von der Butter aus dem Wasser herausnehmen und mit den Fingern die Vertiefungen ausfüllen.

4. Zügig die Formen ausfüllen.

5. Die Butter am Boden glatt streichen.

6. Die Form für eine halbe Stunde in die Gefriertruhe legen.

7. Die Butter herausdrücken. Fertig!

MOLKE

„Gerade bei größeren Milchmengen, die verarbeitet werden, bleibt richtig viel Molke übrig. Mir persönlich ist es wichtig, dass alles genutzt wird und nichts im Abfluss landet. Alles, nur nichts wegschütten. Aus übrig gebliebener Molke lässt sich noch viel machen. Nutzen wir die wertvollen Inhaltsstoffe. Molke enthält wenig Fett, dafür viele Mineralstoffe wie Kalzium und Kalium, Vitamine und Eiweiße."

MOLKE-DRINK

ZUTATEN

1 Liter Molke-Drink

1 Banane

1 Apfel

etwas Zitronensaft

wer mag, ein bisschen Zucker

1. Das Obst klein schneiden. Mit der Molke, dem Zucker und dem Zitronensaft pürieren.

2. Der Zucker kann auch durch ein oder zwei Datteln ersetzt werden.

LUXUS-MOLKEBAD

ZUTATEN

1–2 Liter frische Molke

2 Händevoll Rosenblütenblätter aus dem Garten

1 Glas Sekt

ein paar Kerzen

„Was gibt es Schöneres, als nach einem Tag in Ihrer Hauskäserei in einem warmen Molkebad zu liegen und zu entspannen? Das, wofür andere viel Geld in Luxushotels ausgeben, gönnen Sie sich nach jedem Mal Käsen in Ihrem eigenen Badezimmer oder, noch besser in einer nostalgischen Zinkbadewanne im Garten."

So einfach geht es:
Badewasser einlassen,
Molke dazuschütten,
Rosenblütenblätter auf dem Wasser verteilen,
Kerzen anzünden,
Sekt bereitstellen,
eintauchen und genießen.

Tauchen Sie ein und genießen Sie das warme Bad und das cremige Gefühl auf der Haut mit einem Glas Sekt in der Hand.

SCHWARZE NÜSSE

„Schwarze Nüsse, das sind grüne kandierte Walnüsse. Eine Delikatesse, die wunderbar zu Käse passt. Die in gut sortierten Feinkostläden angebotenen schwarzen Nüsse sind relativ teuer. Wenn man jedoch den Aufwand erst einmal sieht, den diese Nüsse machen, ist der hohe Preis mehr als gerechtfertigt. Wer wie wir, den Luxus hat, einen Walnussbaum zu besitzen, oder einen in der Nähe hat, den er beernten darf, kann diese Köstlichkeit selbst herstellen. Allerdings ist dieses Unterfangen mit einiger Mühe versehen. "

Dazu brauchen Sie erst einmal grüne Walnüsse. Eine kleine Herausforderung ist es, einen Walnussbaum zu beobachten und zum richtigen Zeitpunkt zu beernten. Die Nüsse sollen ausgewachsen, also nicht zu klein sein, jedoch noch keine Schale im Inneren gebildet haben.

Um zu prüfen, ob die Walnüsse geeignet sind, schneiden Sie eine mit einem scharfen Messer in der Mitte durch. Konnten Sie gut durchschneiden und ist die Walnuss innen schön weich und weiß, steht der Ernte nichts mehr im Wege.

Hat sich im Inneren schon eine harte hölzerne Schale gebildet, ist es leider zu spät. Da heißt es dann, abwarten bis zum nächsten Jahr.

Mancherorts werden die Nüsse auch Johanni-Nüsse genannt. Der Erntezeitraum fällt, um Johanni herum, in die zweite Junihälfte. Je nach Witterungseinfluss ist das jedes Jahr ein wenig anders.

Ernten Sie nur einwandfreie Walnüsse ohne Flecken oder Schäden.

SCHWARZE NÜSSE

ZUTATEN

1 kg grüne Walnüsse
1 kg Zucker
0,5 Liter Wasser
1 Vanilleschote
1 Stange Zimt
einige kleine Twist-Off-Gläser

1. Die Walnüsse herrichten. Dazu werden die beiden Enden knapp abgeschnitten, so dass der Stängel und Blütenansatz entfernt sind. Tragen Sie dabei Handschuhe, sonst haben Sie tagelang braune Finger. Die austretende Gerbsäure hinterlässt Spuren auch auf Kleidung. Tragen Sie dabei am besten eine Schürze oder alte Klamotten.

2. Nun jede Walnuss mehrmals durchstechen. Das geht mit einer Rouladennadel, einer Gabel oder einer dünnen Stricknadel.

3. Anschließend kommen die Walnüsse in eine Schüssel oder einen Eimer und werden mit kaltem Wasser bedeckt. Nehmen Sie auch hierzu nicht Ihr bestes Geschirr. Es kann zu Verfärbungen kommen, die sich nicht mehr entfernen lassen. Das Ganze an einen kühlen Ort stellen.

4. Die nächsten 10 Tage das Wasser zweimal am Tag wechseln. Am Anfang ist das Wasser ziemlich dunkel von der Gerbsäure, mit der Zeit wird es heller und die Walnüsse werden dunkler.

5. An Tag 11 ist es Zeit, den Zuckersirup zu kochen. Für 1 kg Nüsse brauchen Sie 1 kg Zucker und 0,5 Liter Wasser. Zucker und Wasser verrühren und unter Rühren zum Kochen bringen. Langsam unter Rühren vor sich hin köcheln lassen, so lange, bis sich der Zucker aufgelöst hat und die Masse eine sirupartige Konsistenz hat. Die Walnüsse aus dem Wasser nehmen und kurz abwaschen.

„Käse-Gourmets sagen: Die Nüsse werden von Jahr zu Jahr besser. Ab dem dritten Jahr kommt es zu einer wahren Genuss-Explosion. Unsere haben nie so lange gehalten. Entweder waren sie zu gut oder zu wenig. Daran arbeiten wir noch! Erschwerend kommt hinzu, dass es nicht jedes Jahr Walnüsse gibt. Bei Spätfrösten fällt die gesamte Ernte aus. “

Die Vanilleschote mit der Zimtstange und den Walnüssen zum Sirup geben. Alles zusammen einmal gut durchrühren, den Topf vom Herd nehmen und das Ganze über Nacht beiseite stellen.

6. Tag 12: Die Walnüsse aus dem Zuckersirup nehmen, die Zuckerlösung erneut aufkochen. Ein paar Minuten köcheln lassen, so wird der Zuckersirup dicker. Die Nüsse dazugeben. Einmal gut durchrühren, den Topf vom Herd nehmen und das Ganze über Nacht beiseite stellen.

7. Tag 13: Die Walnüsse aus dem Zuckersirup nehmen, die Zuckerlösung erneut aufkochen. Ein paar Minuten köcheln lassen, so wird der Zuckersirup noch dicker. Die Nüsse dazugeben. Einmal gut durchrühren, den Topf vom Herd nehmen und das Ganze über Nacht beiseite stellen.

8. Tag 14: Die Walnüsse aus dem Zuckersirup nehmen, die Zuckerlösung erneut aufkochen. Ein paar Minuten köcheln lassen, so wird der Zuckersirup noch dicker. Die Nüsse dazugeben. Einmal gut durchrühren, den Topf vom Herd nehmen und das Ganze über Nacht beiseite stellen.

9. Tag 15: Die Twist-Off-Gläser sterilisieren und bereitstellen.

Die Walnüsse im Zuckersirup erneut aufkochen und 10 – 15 Minuten langsam unter Rühren vor sich hin köcheln lassen. Heiß in die vorbereiteten Twist-Off-Gläser füllen und sofort verschließen. Über Nacht abkühlen lassen.

Nun heißt es: ab in den Keller mit den fertigen schwarzen Nüssen. Kühl und dunkel gelagert bleiben sie ein halbes Jahr stehen. Zu Weihnachten dürfen Sie das erste Glas öffnen.

Wichtig: Die Nüsse 10 Tage wässern. Dabei das Wasser zweimal am Tag wechseln. Durch dieses Wässern werden die Gerb- und Bitterstoffe entfernt.

DANKSAGUNG

Ich bin dankbar dafür, dass ich dieses Buch mit dem Battenberg Gietl Verlag schreiben durfte.

Ich bin dankbar für die vielen neuen Erfahrungen, die ich sammeln konnte.

Ich bin dankbar für die viele Zeit mit meiner Tochter, die ich bei der Verwirklichung des Buches verbracht habe. Die vielen tollen Bilder im Buch sind dabei entstanden.

Ich bin dankbar für die vielen neuen Menschen, die durch dieses Buches in mein Leben getreten sind und noch kommen werden.

Ich bin dankbar für meine liebe Nachbarschaft, Freunde und Bekannte, die seit Jahren meine selbst gemachten Produkte verkosten. Sie geben mir immer wieder wertvolles Feedback, bestärken mich bei meinen Vorhaben und geben mir das Gefühl, gut zu sein.

Ich bin dankbar für meine vielen Kursteilnehmer, die mich mit Ihren Fragen gelöchert haben, ohne sie wäre vieles nicht entstanden – viele von ihnen sind inzwischen zu guten Freunden geworden.

Ich bin dankbar für die Höhen und Tiefen in meinem Leben, die mich in meiner Entwicklung immer wieder ein Stückchen weitergebracht haben.

Ich bin Ihnen dankbar, dass Sie dieses Buch gekauft haben, und wünsche Ihnen viel Spaß damit – probieren Sie aus, verfeinern Sie, erfinden Sie neue Kreationen, ganz wie Sie möchten.

FOTOGRAFIE

LISA LEUOTH,
leidenschaftliche Fotografin, Fachberaterin für „Selbstversorgung mit essbaren Wildpflanzen", Permakultur-Designerin (PDC)
„Ich liebe selbst hergestellten Käse und probiere gerne neue Variationen aus."
Besuchen Sie uns doch einfach auf unserer Homepage
www.permakultur-land-leuoth.de